novas buscas
em educação

VOL.23

Dados Internacionais de Catalogação na Publicação (CIP)
(Câmara Brasileira do Livro, SP, Brasil)

Marchand, Max.
A afetividade do educador / Max Marchand ; (tradução Maria Lúcia Spedo Hildorf Barbanti e Antonieta Barini ; direção da coleção Fanny Abramovich). – 5. ed. – São Paulo : Summus, 1985.
(Novas buscas em educação ; 23).

Bibliografia.
ISBN: 978-85-323-0223-6

1. Psicologia educacional I. Título.

M264a
85-0535   CDD-370.15

Índice para catálogo sistemático:

1. Psicologia educacional   370.15

Compre em lugar de fotocopiar.
Cada real que você dá por um livro recompensa seus autores
e os convida a produzir mais sobre o tema;
incentiva seus editores a encomendar, traduzir e publicar
outras obras sobre o assunto;
e paga aos livreiros por estocar e levar até você livros
para a sua informação e o seu entretenimento.
Cada real que você dá pela fotocópia não autorizada de um livro
financia o crime
e ajuda a matar a produção intelectual de seu país.

a afetividade do educador

MAX MARCHAND

summus editorial

novas buscas em educação

Do original em língua francesa
Hygiène Affective de l'Educateur
© Presses Universitaires de France, 1956

Tradução de
*Maria Lúcia Spedo Hildorf Barbanti e
Antonieta Barini*

Capa de
Edith Derdyk

Direção da Coleção
Fanny Abramovich

Proibida a reprodução total ou parcial deste livro, por qualquer meio e sistema, sem o prévio consentimento da Editora.

Direitos para a língua portuguesa adquiridos por
SUMMUS EDITORIAL LTDA.
que se reserva a propriedade desta tradução.
Rua Itapicuru, 613 – 7º andar
05006-000 – São Paulo, SP
Tel.: (11) 3872-3322
Fax: (11) 3872-7476
http://www.summus.com.br
e-mail: summus@summus.com.br

Impresso no Brasil

NOVAS BUSCAS EM EDUCAÇÃO

Esta coleção está preocupada fundamentalmente com um aluno vivo, inquieto e participante; com um professor que não tema suas próprias dúvidas; e com uma escola aberta, viva, posta no mundo e ciente de que estamos chegando ao século XXI.

Neste sentido, é preciso repensar o processo educacional. É preciso preparar a pessoa para a vida e não para o mero acúmulo de informações.

A postura acadêmica do professor não está garantindo maior mobilidade à agilidade do aluno (tenha ele a idade que tiver). Assim, é preciso trabalhar o aluno como uma pessoa inteira, com sua afetividade, suas percepções, sua expressão, seus sentidos, sua crítica, sua criatividade...

Algo deve ser feito para que o aluno possa ampliar seus referenciais do mundo e trabalhar, simultaneamente, com todas as linguagens (escrita, sonora, dramática, cinematográfica, corporal, etc.).

A derrubada dos muros da escola poderá integrar a educação ao espaço vivificante do mundo e ajudará o aluno a construir sua própria visão do universo.

É fundamental que se questione mais sobre educação. Para isto, deve-se estar mais aberto, mais inquieto, mais vivo, mais poroso, mais ligado, refletindo sobre o nosso cotidiano pedagógico e se perguntando sobre o seu futuro.

É necessário nos instrumentarmos com os processos vividos pelos outros educadores como contraponto aos nossos, tomarmos contato com experiências mais antigas mas que permanecem inquietantes, pesquisarmos o que vem se propondo em termos de educação (dentro e fora da escola) no Brasil e no mundo.

A coleção *Novas Buscas em Educação* pretende ajudar a repensar velhos problemas ou novas dúvidas, que coloquem num outro prisma, preocupações irresolvidas de todos aqueles envolvidos em educação: pais, educadores, estudantes, comunicadores, psicólogos, fonoaudiólogos, assistentes sociais e, sobretudo, professores... Pretende servir a todos aqueles que saibam que o único compromisso do educador é com a dinâmica e que uma postura estática é a garantia do não-crescimento daquele a quem se propõe educar.

ÍNDICE

Apresentação da Edição Brasileira 9
Introdução 11
Capítulo Primeiro — Justificativa desta Pesquisa 15
Capítulo Segundo — Método para o Conhecimento Direto do "Par Educativo" 23
Capítulo Terceiro — Os Tipos de "Pares Educativos" 35
Capítulo Quarto — Os Casos Amorfos: "Pares Educativos" Caracterizados pelo Egoísmo do Professor e a Indiferença pela Criança 43
Capítulo Quinto — Os Casos de Tensão: "Pares Educativos" Caracterizados pelo Imperialismo do Professor 53
Capítulo Sexto — Os Casos de Harmonia: "Pares Educativos" Caracterizados pela Troca e pela Renúncia 77
Capítulo Sétimo — Para uma Higiene Afetiva do Educador: o "Par Educativo" Ideal 91
Conclusão — Perspectivas de uma Educação Concreta 105

APRESENTAÇÃO DA EDIÇÃO BRASILEIRA

Inevitavelmente minha leitura deste livro de Marchand foi feita com olhos de profissional de outra área, contígua à da pedagogia embora muito interessada nela. Daí a primeira impressão de se tratar de um texto antiquado — porque descreve entrevistas muito diretivas para obter a opinião de mestres e de alunos a respeito uns dos outros, porque admite implicitamente o castigo físico, porque pressupõe que apenas por desejo racional e compreensão lógica se possa alterar profundamente a postura afetiva do professor.

Num segundo momento, porém, sobreveio o impacto de estar frente a uma intuição praticamente genial: o autor chega, a partir de sua reflexão de educador, a pontos fundamentais da psicologia dinâmica, tais como a noção de "díada" como unidade relacional, a percepção da complementaridade dos papéis, a visão da complexidade de funcionamento dos grupos.

A descrição que Marchand faz dos tipos de "pares mestre-aluno" mostra-se incrivelmente semelhante ao estudo da relação médico-paciente, tema sobre o qual trabalhamos muito no ensino de residentes pediátricos, refletindo sempre sobre três tipos principais — a relação autoritária, a relação puramente "técnica" e a relação afetiva. Por momentos seu texto se aproxima da idéia do encontro rogeriano em situação de terapia, quando descreve o mestre aberto aos sentimentos do aluno e não lhe impondo um modelo, exatamente como essa escola psicológica descreve um facilitador de grupo terapêutico.

Além disso, com grande clareza o autor se refere às situações de "falsa igualdade" entre professor e aluno; admitindo a existência da desigualdade — o "saber" do mestre, o peso de sua experiência já vivida — indica que isto não obriga a formação de uma relação autoritária, exatamente porque há espaço para a afetividade e para a disposição de ouvir o aluno e deixar que este faça opções pessoais. Parece-me que esta reflexão focaliza um dos pontos fundamentais que atualmente perturbam não só a relação entre professor e aluno, como também a relação entre pais e filhos; por medo do autoritarismo, a "falsa igualdade" é assumida e chega-se até a atitude de omissão ou negligência.

Enfim, este é um livro para suscitar mais reflexões e indagações, para indicar uma abertura ao crescimento pessoal do mestre e do aluno. Fala sobre afetividade e toca nossa própria afetividade, pela sensibilidade, pelo humanismo, pela capacidade de doação à tarefa educativa que seu autor demonstra.

Dulce V. M. Machado

INTRODUÇÃO

Sem dúvida, a educação apresenta um aspecto geral, à medida que se apóia em um conjunto mais ou menos coerente de concepções abstratas, nas quais têm sua parte as exigências da sociedade e os imperativos de um humanismo que procura o desenvolvimento da pessoa humana. No entanto, ela não encontra de forma alguma toda a sua aplicação em um campo assim tão abstrato.

Toda educação supõe a presença de dois seres bem concretos: o que a dá e o que a recebe, um e outro reunidos em um par singular, cuja originalidade é tal que não se pode achar-lhes a réplica em parte alguma, estando seus integrantes submetidos a interações psicológicas recíprocas que, muitas vezes, os modificam profundamente, como veremos a seguir. O estudo dessas modificações pode ser feito a partir de dois focos de observação, segundo se considere o mestre ou o discípulo. Comumente, julga-se que o ponto de vista do mestre sobre o aluno é mais interessante, graças à perspicácia, à maturidade e à formação do educador. Mas, somente ele estaria em condições de apreciar a ação que exerce sobre seu aluno e a que dele recebe? É preciso negligenciar o ponto de vista do aluno e renunciar a ver o mestre e o aluno sob uma perspectiva nova? É preciso privar-se de perguntar diretamente à criança o que ela sente perante seu mestre?

Não pensamos que o estudo das relações concretas do educador e do aluno possa ser encarado de uma perspectiva tão limitada. Na verdade, numerosos educadores já se preocuparam com o ponto de vista do aluno. E mesmo não sendo uma grande novidade, esta atitude pode surpreender certos educadores pouco inclinados a saber o que a criança pensa deles. Ou ver-se, muitas vezes, o pai ou a mãe importunar a criança de 3 ou 4 anos com perguntas do tipo:

"De quem você gosta mais? Do papai ou da mamãe?" Professores e professoras interrogam, às vezes, os alunos, sobre o professor que preferiam nas séries anteriores. Esta atitude que, aliás, nada tem de louvável, procede muitas vezes, segundo educadores profissionais, de uma curiosidade malsã ou de um certo imperialismo que faz desejar ocupar o primeiro lugar no coração de uma criança.

Não é a primeira vez que se tenta levar em conta as reações do aluno. Em muitos estabelecimentos educacionais existe uma caixa de sugestões que recolhe as queixas dos alunos ou suas propostas para melhorar as condições de vida da escola e facilitar o relacionamento entre alunos e professores. Mas, estas não são as pesquisas sistemáticas sonhadas por alguns pedagogos. Alguns pesquisadores, no propósito de estabelecer regras de seleção referentes aos futuros educadores, e também de saber se para os alunos o bom mestre se parece com o retrato ideal traçado por todos os manuais de pedagogia, já se orientaram para um trabalho desse tipo. Assinalemos a equipe de psicólogos que trabalhavam com Stanley Hall em 1900 e que perguntavam aos alunos o que eles pensavam das qualidades morais de seu mestre, de sua maneira de ensinar e do relacionamento que mantinha com eles.(1). Em 1932, o alemão Keilhacker, em sua obra *O mestre ideal segundo a concepção dos alunos* interrogou cerca de 400 alunos de 10 a 20 anos. Seu questionário não era muito amplo: resumia-se a uma única pergunta cuja resposta devia servir de tema a uma pequena redação: "Como desejaria que fosse meu mestre"? (2) Esta tentativa foi um prolongamento das pesquisas de Haeberlin (3) sobre as interações afetivas de pais e filhos e sobre o conflito das gerações. Mais recentemente, em 1952,(4) os alunos da Universidade Duke, na Carolina do Norte, foram convidados a formular apreciações, elogiosas ou críticas, sobre a maneira de ensinar dos professores, sobre seu comportamento, sua personalidade. Cada estudante foi levado a responder a um questionário abrangendo doze séries de questões. Ainda mais, se chegava a pedir aos alunos que concretizassem seu julgamento sobre cada um dos aspectos do trabalho do professor por uma nota que variava de 0 a 10. Esta pesquisa pode ser criticada pela complexidade de sua orientação. Em primeiro lugar, é um enfoque profissional e pedagógico concernente ao valor do professor bastante sujeito a caução. Como é que alunos, que ignoram tudo dos métodos pedagógicos, poderiam se permitir fazer um julgamento sobre a aptidão profissional do professor? O enfoque afetivo é mais aceitável. Um jovem sempre pode exprimir reações sentimentais que lhe são inteiramente pessoais. Na França, também, há tentativas de voltar-se para educadores e pais visando uma possível melhora de seu comportamento. Citemos, no âmbito da "Escola de Pais",(5) a conferência feita na Faculdade de Medicina de Paris, em dezembro de 1953, por Mauco, diretor pedagógico do Centro Claude Bernard, utilizando respostas de crianças concernentes aos "efeitos dos sentimentos de inferioridade sobre o comportamento dos pais". Poderíamos citar, ainda, os trabalhos de J. M. Lévy (6) e os do Dr. Robin (7) que procuram mostrar a maior ou menor influência dos educadores e dos pais no comportamento das crianças.

Desejando continuar com essas investigações, gostaríamos de trazer algumas modificações aos pontos de vista de Keilhacker, Cousinet, Dr. Robin ou dos pesquisadores da Universidade Duke. Todos eles encaram as relações mestres-alunos sem considerar suficientemente as situações concretas nas quais se acha a criança. Keilhacker, fugindo da realidade, quer obter o retrato de um mestre imaginário, com sua pergunta: "Como gostaria que fosse meu mestre?" Quanto aos pesquisadores da Universidade Duke, eles se situam em um plano, ao mesmo tempo, muito geral, pedindo aos alunos para apreciar todos os seus professores, e muito restrito, no sentido de que nenhuma questão é colocada aos próprios professores. O objetivo de nosso estudo é definir as relações existentes entre mestre e alunos, evitando o caráter muito amplo e ainda muito abstrato das pesquisas precedentes, segundo um método que se propõe examinar um dado professor e cada um de seus alunos. Um e outro devem ser considerados como uma única e idêntica unidade que chamaremos "par educativo", o qual dá origem a interações afetivas segundo relações que não podem ser analisadas senão examinando, simultaneamente, cada um dos membros do par.

Por mais importante que seja a nossos olhos esta noção de "par educativo" na explicação das situações concretas de um mestre e de seu aluno, nos guardaremos, entretanto, de aceitá-la sem reservas. É preciso não esquecer que o aluno pode se achar "situado" não somente em relação a seu mestre, mas, também, em relação a outras pessoas que podem ser, por exemplo, seu irmão, seu pai, sua mãe ou o colega preferido, que formam com ele, outros tantos "pares" capazes de influenciar o "par educativo" e orientá-lo de maneira diferente. Assim, uma criança pode se opor a seu mestre ou se aproximar dele com o único intuito de agradar ou desagradar a uma terceira pessoa. Tivemos um exemplo disso, observando a atitude de uma jovem que não gostava de sua mestra senão por oposição à sua mãe.

Da mesma forma, podemos ver que os sentimentos do mestre por um aluno lhe são ditados, às vezes, não por este aluno, mas por múltiplas lembranças de sua infância ou de seu passado imediato, por numerosos fatores que nascem de sua posição social, familiar, conjugal ou paternal, pelos sentimentos provocados pela saudade de um filho perdido, ou pelo desejo de um que a vida não lhe quis dar. Todos estes fatores que contrariam a evolução normal do "par educativo" serão apontados no momento oportuno. Mas, é bom assinalar, desde já, os inevitáveis limites desta noção de "par educativo". Esta restrição se faz tanto mais necessária quando condições particulares, nascidas de circunstâncias geográficas e históricas acrescentam, freqüentemente, elementos perturbadores à evolução das relações individuais.(8)

Além do mais, é preciso considerar o período de após-guerra, a inquietação e o ceticismo que engendram certos acontecimentos em um época perturbada e imoral, que não faz senão exacerbar a tendência das gerações em se oporem mutuamente. A geração jovem pode censurar a precedente por não ter sabido construir um mundo mais coerente. Assim o jovem que perdeu a fé no adulto se opõe a seu educador mais vigorosamente do que o faria em circunstâncias menos perturbadoras.

Tais são as razões suplementares que nos levam a não considerar como absolutamente determinante apenas a presença do mestre e a do aluno no desencadear das interações psicológicas do "par educativo", que não se pode, evidentemente, considerar como um puro fenômeno, independente de todas as outras manifestações exteriores.

Dito isto, estamos mais à vontade para reafirmar a importância da noção de "par educativo" e manifestar nossa perplexidade por ver que numerosos psicólogos que trabalham com crianças consideram-na desprezível, com o risco de anular o aspecto concreto de suas pesquisas.

BIBLIOGRAFIA

1. Experiência citada por R. Cousinet, *La formation de l'éducateur*, P.U.F., 1952, "Quelques méthodes de sélection", p. 73 a 76.
2. Ver Keilhacker, *Le maître idéal d'après la concepcion des élèves*, tr. fr., 1934, Paris.
3. Haeberlin, *Eltern und Kindern*. Psychologische Bemerkungen Zum Konflit der Generationen, 1922, Leipzig.
4. Cf. *Journal des professeurs de l'enseignement du second degré*, 79, boulevard Saint-Germain, Paris, número de 4 de julho de 1953, pp. 654-55.
5. "Escola de Pais". Sede: Faculté de Médicine de Paris. Boletim: *L'école des parents*, S.E.VP.E.N., 13, rua du Four, Paris (6e).
6. J.-M. Lévy, *Maîtres et élèves. Essai de psychologie affective*, 1935, Paris.
7. Dr. Gilbert Robin, *L'éducation des enfants difficiles*, 1944, Paris.
8. Parece-nos útil localizar no tempo e no espaço as investigações que fizemos. Os mestres e os alunos que submetemos a estudo, entre 1951 e 1954, pertencem ao meio escolar algeriano. Permitimo-nos indicar que as aplicações que pudessem ser tiradas desta experiência seriam particularmente úteis e oportunas na Algéria, onde as relações afetivas são chamadas a desempenhar um papel de primeiro plano pelas razões que estão presentes no coração de todos.

CAPÍTULO PRIMEIRO
Justificativa desta pesquisa

A) *A Pedagogia Atual e Suas Lacunas*

Se quisermos caracterizar a pedagogia atual, poderemos dizer que ela se fundamenta, sobretudo, na psicologia da criança. Sua característica essencial reside em seu empenho em apoiar-se nessa psicologia, para respeitar melhor a idéia de que é impossível querer acelerar o desenvolvimento da criança mediante um ensino prematuro, mais aplicável ao adulto do que a ela própria. Toda tentativa deste gênero seria tão ridícula quanto a do treinador que exigisse, do potro, que corresse tão rápido quanto um cavalo treinado, ou da florista que se obstinasse em querer transformar imediatamente seu botão em rosa desabrochada. Toda maturidade exige um tempo, cuja duração é quase irredutível. As leis do desenvolvimento psicológico, a estrutura e as formas desta psicologia geral nos levam a deixar de lado todo exercício que não encontre eco no mundo mental da criança. Assim, os trabalhos de alguns psicólogos, entre outros os de Piaget, sobre as noções que a criança pode ter do espaço, do tempo, do eu e do não-eu, das relações, da síntese e da análise, justificam a eliminação nos anos iniciais da escolaridade, de todas as partes do programa concernentes à cartografia, e ao estudo das partes do mundo, e depois, à cronologia, aos exercícios teóricos de moral, e tudo o que se refira ao encadeamento lógico dos fatos, sejam de natureza histórica ou científica.

Alguns pedagogos quiseram ir mais longo ainda na utilização dos dados psicológicos que a criança nos fornece, transitando do caso geral para os casos concretos que cada aluno apresenta. Um exame atento das psicologias individuais nos mostra toda uma gama de manifestações originais, relativas, por exemplo, ao ritmo e à natureza da atividade, à coloração afetiva com seus sentimentos e

17

todos os seus desvios no contato com o mundo escolar, à agilidade da inteligência. Chega-se, assim, a conhecer o comportamento de uma criança em função de suas ações possíveis. De uma parte, podemos atenuar nela os sentimentos que perturbam sua educação, para fazer nascer e desenvolver os que a favorecem, no intuito de submetê-la a uma higiene afetiva tão importante quanto a higiene corporal. Por outro lado, a educação e a instrução de cada criança podem ser adaptadas às condições particulares de sua psicologia, em uma ação educativa que repousa sobre uma individualização do ensino.

Este sistema pedagógico, por seu caráter científico de adaptação ao real ganha, justificadamente, a adesão da maioria dos educadores. Infelizmente, parece-nos que no estado atual de sua aplicação, ele comporta, no plano psicológico, graves lacunas que falseiam todos os resultados. Nada mais louvável que considerar uma criança em particular, na sua psicologia diferencial; mas, convém fazê-lo de uma perspectiva mais precisa. Parece que existe a tendência de considerar a criança no mundo escolar como um fenômeno isolado. É aí que nos parece residir o erro de ótica que queríamos assinalar. É preciso não esquecer que esta criança se acha "posicionada" não somente em relação aos seus coleguinhas, mas, sobretudo, em relação ao seu educador. Eis porque seria inútil estudar um aluno sem examinar seu respectivo mestre. Esta é a crítica que se poderia fazer ao estudo de Roger Gaillat "Analyse caractérielle des élèves d'une classe par leur maître", (1) que é, não obstante, bastante concreto. Seu trabalho põe em evidência o caráter de cada criança, mas, falta-lhe um elemento importante: o caráter do mestre, cuja análise, poderia levar ao estudo das interações que resultam do confronto de caracteres diferentes. Fica-se, dessa maneira, motivado a prolongar o estudo da psicologia diferencial da criança em sua face complementar, que é a psicologia diferencial do educador.

A interação dessas duas psicologias parece-nos facilmente constatável. O conteúdo da psicologia afetiva da criança é, freqüentemente, resultado da posição sentimental do mestre: o autoritário provocará o temor inibitório no aluno; o que procura se fazer amar provocará na criança reações de complacência; aquele que se mostra maldoso despertará sentimentos e atitudes de oposição que levarão a uma educação contrária à desejada. Da mesma forma, os educadores colocados em certas condições diante das crianças, não reagem sentimentalmente da mesma maneira. Uns gostam sinceramente delas; outros não, e apenas desejam se fazer amar em proveito próprio. Aquela educadora que não teve oportunidade de ter seu lar, e que deve achar sua casa muito triste e muito fria quando retorna sozinha, à noite, após a aula, pede que seus alunos lhe dêem o calor familiar que lhe falta. Outro educador, muito propenso a fazer seus alunos rirem e a se descontraírem com jogos de palavras fáceis, busca, no fundo, somente fazer-se admirar por eles. Um terceiro, muito orgulhoso dos resultados que obtém, procura apenas o rendimento nos exames, não hesitando nem um pouco em utilizar os procedimentos mais mecânicos e equívocos. Sem falar daqueles que, vencidos pela vida, invejam a juventude dos alunos e se antipatizam com alguns deles. (2)

As reações sentimentais do professor variarão em função de cada aluno, segundo seus êxitos escolares, seu comportamento, seu caráter. Na prática pedagógica que coloca frente a frente o educador e o aluno, podem surgir atração ou repulsão como resultados do confronto entre dois caracteres. Todas estas atitudes sentimentais influem sobre as metodologias, com o risco de alterá-las, e provocam na criança, rudes transformações afetivas mais ou menos desfavoráveis ao ensino. A instrução dada por um mestre apresenta aspectos emotivos e afetivos que lhe conferem um feitio original e pessoal, variando, por outro lado, com cada uma das crianças que a recebe. O mesmo problema de aritmética explicado a todos os alunos de uma classe terá diferente repercussão na consciência de cada criança, segundo seu caráter e as reações afetivas que a presença do mestre desencadeia. É por isso que um mestre tem muito mais poder do que um livro. A pedagogia esquece, assim, um elemento importante, nascido desta presença recíproca: a qualidade do diálogo que se estabelece entre o educador e o educando na presença concreta de dois seres colocados em uma dada situação, e que cria entre eles um liame peculiar, ou os separa por obstáculos quase intransponíveis. O mesmo mestre, frente a todos os seus alunos, não estabelece com cada um deles o mesmo diálogo, que estará impregnado, ora por uma compreensão recíproca ou um acordo perfeito, ora por uma hostilidade surda, sem que ele tenha mostrado dois rostos diferentes. Em um caso, dir-se-á que o professor "atinge" este ou aquele aluno, no outro, que ele não consegue "entrar em contato" com eles. Quando duas pessoas se encontram para conversar, não é de imediato que se dá o confronto de dois caracteres na totalidade de seus aspectos. Primeiro, nos parece, há uma tomada de posição sentimental, irrefletida e muitas vezes repentina, motivando a simpatia ou a antipatia que vai influir em todo o diálogo.

A educação supõe, assim, desde o primeiro contato com uma determinada criança, o aparecimento do "par afetivo", cuja harmonia ou desacordo leva todo o ensino para os numerosos (des)caminhos possíveis. É por isso que os retratos que traçamos de um mesmo educador não são sempre idênticos; eles variam segundo o enfoque que sobre cada um deles projeta uma criança em particular. O aluno e o professor devem, sem dúvida, ser estudados separadamente, em função de seus dados caractereológicos. Este estudo é necessário,

19

mas, não é suficiente. Em virtude da influência recíproca entre o educador e o aluno, a criança não pode ser completamente estudada fora de seu relacionamento com o educador, que dá à sua paisagem psicológica um colorido peculiar. O educador, do mesmo modo, não pode ser examinado fazendo-se abstração das crianças que o influenciam. É preciso ver o educador em relação a seus alunos e, freqüentemente, em relação a um único aluno. Reciprocamente, o aluno será descrito segundo a repercussão que nele provoque a presença do mestre. Os caracteres tomarão então, um aspecto mutável, em razão da variação dos "pares afetivos" e da diversidade dos alunos de que o educador deverá se encarregar. Podemos ver uma prova dessas modificações no fato de que um educador de caráter irritável com certas classes, muda inteiramente com outras, segundo a atmosfera particular na qual se estabelecem as relações entre ele e seus alunos. Foi esta noção de "par afetivo" educador-aluno que orientou nossas pesquisas. Agindo assim, não fizemos senão aplicar ao domínio da educação, preocupações de uma certa filosofia existencial que define o indivíduo por sua existência e as situações nas quais se integra, de forma que o educador e o aluno se definem, tanto por si mesmos, quanto pelo parceiro que lhes assinala a educação. A característica de um e de outro será revelada na tendência de sua adaptação ao outro, traduzindo-se segundo os casos, em simpatia ou antipatia, em esforço de imitação ou de criação, em movimentos de aproximação ou de oposição.

B) *Utilidade de um Estado Concreto do Educador*

Podem nos objetar que um estudo deste tipo não é muito útil. A descrição de mil retratos individuais de educadores e o estudo das variações destes retratos em função dos diferentes alunos podem, sem dúvida, apresentar um interesse documental de curiosidade, mas, parece estéril no sentido de que quase não conduz a idéias gerais fecundas, as únicas que, afinal, poderiam servir de meios de ação sobre o educador em geral, principalmente em nossa escola, cuja amplitude exige, precisamente, soluções de caráter mais geral que concreto. Nosso propósito é mostrar que este estudo, por limitada que pareça sua utilidade, é capaz de exercer uma influência apreciável sobre o caso particular de cada educador.

Os educadores têm necessidade de cuidarem de sua vida mental, já que sua afetividade se acha mais ou menos alterada pelo seu ofício. Não falaremos, é claro, dos que já estavam doentes ao ingressar na carreira, e só Deus sabe como eles são numerosos! É verdade que se lhes abrem inteiramente as portas do ensino, sem examiná-los neste aspecto particular, quando um exame caractereológico minucioso teria podido, de princípio, revelar certas tendências contrárias à educação, de modo a desaconselhar a alguns deles, a carreira do magistério. Um rapaz que manifeste uma agressividade e uma necessidade de poder tais que, transpostas para o plano patológico podem converter-se, por exagero, em tendências sádicas, pode muito bem, como mostrou Szondi, (3) ser cocheiro, amestrador de animais, dentista, britador, veterinário, mas não educador. Um outro que apresente uma feminilidade passiva, com um vivo desejo de ser amado e dominado, poderá orientar-se para as artes ou o comércio de luxo, mas, nunca para o ensino. E que dizer daquele paranóico caracterizado por um desejo de se expandir, de se dar importância? Teria mais êxito no campo da criação artística do que no que da educação. Enfim, é lamentável que se faça passar nossos futuros educadores por tantas provas de verificação de conhecimentos e que se esqueça de olhar, freqüentemente, se seu caráter é adequado às tarefas que o ensino requer. Teríamos coragem de destinar à carreira docente um jovem que se sabe de antemão condenado aos mais graves fracassos pedagógicos? Bem ou mal orientados, todos podem ser mais ou menos modificados em seu caráter que, como mostrou P. Mesnard, (4) não é absolutamente imutável. É possível cuidar do educador, modificando-o em sentido favorável. Para Madeleine L. Rambert, (5) um dos melhores remédios, quando uma criança está psiquicamente doente, consiste em "tratar dos pais". *Mutatis mutandis,* o que se aplica à relação pai-aluno, se aplica também à relação educador-educando. Como Madeleine L. Rambert, poderíamos dizer que cuidar do educador é, muitas vezes, a melhor solução para o problema da criança difícil.

É possível que esta idéia choque a numerosos educadores. Porém, como negar todos os sentimentos, confessados ou não, que a presença de uma criança suscita? Mesmo aqueles que as amam não são sempre irrepreensíveis. Há tantas maneiras de amar e de "desamar" uma criança! Há tantos educadores que se amam nas crianças, as quais se tornam para eles instrumentos de satisfações pessoais. Há os que pedem às crianças grandes esforços nas tarefas da aprendizagem, crendo agir para seu bem-estar e desenvolvimento de sua personalidade, mas, no fundo, não buscam senão obter um excelente resultado nos exames, e se sobressair em relação aos demais colegas. O amor pela criança não passa, assim, de uma gloríola profissional, de puro interesse pessoal que aparece no professor sob a forma de egoísmo. Outros amam, no aluno, o que foram na sua juventude, ou o que gostariam de ter sido, e procuram moldá-lo à imagem de suas ilusões perdidas. Outros ainda, tentando ir além desta pobre nostalgia de uma juventude irremediavelmente perdida, procuram fazer nascer na consciência das crianças as idéias que lhes são caras, e que poderão, então, contemplar como em um espelho.

Quem falará da inquietação e do egoísmo destes educadores, que procuram interiormente a afeição de seus alunos, ao lhes dar o ensino a que têm direito? Quem cantará um dia os acentos desesperados desta busca de amor, discreta mas pouco generosa, condenada desde o início aos mais dolorosos fracassos?

Não se deve, então, gostar de nossas crianças? É preciso mostrar-lhes uma face diferente? Mais ainda, odiá-las, para desencadear relações salutares? E se é preciso amá-las, como fazê-lo para levar a bom termo nossa tarefa? Que sentimentos devemos combater ou desenvolver em nós próprios, conforme os fins da educação e, reciprocamente, que sentimentos correspondentes devemos encorajar ou desestimular no aluno em face do educador?

Para poder responder a todas estas questões, devemos tentar conhecer as interações afetivas entre mestres e alunos. Poderemos, assim, combatê-las ou corrigi-las quando forem nocivas. É por isso que quisemos estudar os "pares educativos" na sua vida concreta, com objetivos mais remotos, quais sejam: uma possível classificação dos grandes tipos existenciais de "pares educativos", a apresentação de um "par educativo" ideal, e finalmente, uma formação mais apropriada do futuro educador.

BIBLIOGRAFIA

1. Roger Gaillat, *Analyse caractérielle des élèves d'une classe par leur maître*, P.U.F., 1954.
2. Queremos igualmente, evitar a evocação de alguns "pares educativos" na acepção que lhes deram Sócrates ou André Gide. No que concerne a este último, pensamos ter mostrado suficientemente em nosso *Complexe pédagogique et didactique d' A. Gide* (ed. Fouque, Oran), o caráter perturbado e equivocado da educação gideana, que repousa em uma pedagogia amorosa não isenta, no educador, de egoísmo e perversidade.
3. Cf. *Psyché*, n.º 23-24, pp. 1155-56, artigo de Ruth Bejarano sobre Szondi.
4. P. Mesnard, *Education et Caractère*, prefácio de P. Joulia, P.U.F., 1953.
5. Madeleine L. Rambert, *La vie affective et morale de l'enfant*, Niestlé, Neuchâtel, 1938.

CAPÍTULO SEGUNDO

Método para o conhecimento direto do "Par educativo"

Somente uma entrevista oral com uma criança, sob a forma de conversa amigável, pode nos fornecer um testemunho direto e sincero. É claro que é necessário adaptar cada entrevista à idade e às particularidades da criança. Em primeiro lugar, é preciso que ela seja familiar, tranqüila, confiante, com questões colocadas da forma mais assistemática possível, o entrevistador se achando só com seu interlocutor. As perguntas serão numerosas para facilitar a análise que o sujeito deve fazer de seus próprios sentimentos e deixar à entrevista oral um campo de investigações tão amplo quanto possível. A ordem das questões e sua natureza serão suscetíveis de receber modificações ou acréscimos segundo as condições particulares de cada sujeito. A título de exemplo, indicamos a maneira de conduzir a entrevista com uma criança de 6 a 14 anos, e depois, com um aluno de 15 a 18 anos.

A) *A Entrevista Particular com uma Criança de 6 a 14 Anos*

Para crianças de 6 a 14 anos prevemos inúmeras perguntas: as primeiras se propõem saber se o mestre se acha presente ou ausente em cada criança. Pode acontecer que esta criança, fora da escola, não pense absolutamente no mestre, que não a afeta de forma alguma, ou ao contrário, que ela sinta sua presença quase constantemente, em seus pensamentos, seus sonhos, suas ações, seus sentimentos. As crianças podem ser colocadas em um ou outro grupo, com a ajuda da seguintes perguntas:

Quando você escreve uma carta para um parente, em casa, você pensa em seu professor? De noite, você sonha com ele? No sonho, tem a impressão de ter a mesma atitude e os mesmos sentimentos que tem na aula? Quando vê uma coisa bonita, você pensa nele? Se lhe acontece fazer uma boa ou má ação, tem a impressão de ter o mestre diante de você?

Algumas crianças respondem negativamente a estas perguntas. Tudo se passa como se o mestre não existisse para elas. A indiferença mais ou menos clara que sentem reduz, evidentemente, o alcance da relação educativa e a importância da entrevista. Pelo contrário, outras crianças demonstram que laços estreitos as unem ao mestre. Toda a sua vida extra-escolar é marcada pela presença do mestre cujo ensinamento orienta cada uma de suas ações. Esta presença, por sua vez, pode determinar atitudes de aproximação ou hostilidade.

As perguntas tentam descobrir a posição da criança em suas manifestações de amor (amor mais ou menos consciente, amor consciente e generoso, amor-camaradagem, amor incompreendido, amor ciumento e amor espiritual voltado para os valores morais representados pelo mestre). Aquelas que se referem ao ódio ou ao distanciamento da criança em relação ao mestre se propõem a revelar os casos de ódio oculto, dissimulado, aberto ou transferido para um outro objeto. No decorrer da entrevista, conforme o interesse que apresente a originalidade de uma criança, podem ser feitas outras perguntas, impossíveis de serem estabelecidas *a priori*. Basta apenas provocar as reações da criança com perguntas deste tipo:

> Quando o mestre o repreende, ou lhe bate, você tem a impressão de gostar mais de seus colegas, de se aproximar deles, de querer mais fortemente brincar com eles? (amor de transferência). Você tenta agradar ao mestre trabalhando bem, oferecendo-lhe flores? (amor generoso). Gosta que ele brinque com você? Neste caso, sente-se à vontade com ele? (relações de camaradagem). Quando você faz uma ação má, conta a seu mestre sem embaraço e sem vergonha? (confiança). Quando o mestre não o nota, ou não o ama bastante, ou prefere um de seus colegas, você finge estar doente ou tenta machucar-se para que ele lhe preste atenção? Tentou, às vezes, trabalhar mal para que o professor se interessasse por você? (amor ciumento). Depois de ter sido batido, ou repreendido, ou punido pelo mestre, tentou, às vezes, quebrar alguma coisa às escondidas, fazer de propósito alguma coisa errada, borrar o caderno, ser insuportável com seus pais, ou judiar dos animais? Alguma vez se vingou em um mestre afável e bondoso daquilo que

lhe havia feito sofrer um outro mais severo? (hostilidade transferida). Às vezes, se vingou em você mesmo das maldades de um mestre, não comendo, escrevendo com a mão esquerda, inclinando a escrita em um outro sentido? dizendo palavrões? roendo as unhas? espetando-se com a caneta? (hostilidade transferida para si próprio). Às vezes, você tentou se vingar do mestre fazendo o contrário do que ele queria vê-lo fazer, realizando más ações (hostilidade transferida para os valores morais). Quando lhe batem, tenta agravar as conseqüências das pancadas que recebe para que o mestre tenha remorsos mais intensos? Você finge cair ou se machucar quando o mestre o empurra levemente para pô-lo na fila? Você faz guerra ao mestre? Zomba dele? Dá-lhe um apelido? (hostilidade aberta). Tem a impressão de ter um vazio na cabeça quando o interrogam, ou de misturar tudo o que sabe? Tem a impressão de que o professor o fixa com os olhos quando você não o está olhando? (temor inibitório).

As perguntas se tornam cada vez mais numerosas e "fechadas" a partir do momento em que se descobre uma direção afetiva na qual a criança se acha engajada.

B) *A Entrevista Particular com um Aluno de 15 a 18 Anos*

Para os jovens de 15 a 18 anos, as perguntas se tornam mais precisas quando referidas à preferência ou à hostilidade que um adolescente pode experimentar por um de seus professores. Nesta idade, o adolescente, mais do que a criança, toma consciência daquilo que o aproxima ou o afasta do adulto. É o momento da tomada de posição, do amor total ou do ódio declarado.

No que concerne à preferência dada a um professor, as perguntas procuram levar o aluno a precisar as razões dessa preferência:

Faça o retrato do seu professor preferido. Ele o atrai por sua dicção, sua voz, suas expressões, seu talento? (razões estéticas). Admira-o pela clareza de suas explicações, pela qualidade e interesse de seus cursos? (razões pedagógicas). Ele tem um "fraco" por você? Ele lhe dá boas notas ou poucas tarefas? (razões egoístas e pessoais). Você o admira pela coragem que demonstrou durante a guerra, pelo ardor com que defende suas convicções religiosas ou políticas, pela sua retidão, por sua personalidade forte? (razões morais e intelectuais).

Delineada a preferência, deve-se procurar descobrir seus efeitos no comportamento do adolescente:

Você tem a impressão de que, em igualdade de condições, se sai melhor com um professor de quem gosta? Estaria pronto a fazer grandes coisas por ele, e a segui-lo em tudo? Se você é o preferido de seu professor, chega a tomar certas liberdades na aula?

É claro que, como no caso das crianças de 6 a 14 anos, outras perguntas podem ser colocadas no decorrer da entrevista, que deve respeitar a originalidade e a espontaneidade do adolescente que aceite se abrir sem constrangimento.

Nos casos de oposição ao educador, devem ser consideradas todas as reações de hostilidade do adolescente expressas nas diversas manifestações de desordem. No entanto, esta expressão tão significativa do comportamento do aluno, deve ser analisada e utilizada com discernimento. Quando pedirmos a um aluno para precisar as circunstâncias nas quais ele é levado a participar de uma desordem, será preciso eliminar como inútil para nosso estudo, tudo aquilo que possa se referir à desordem considerada como uma simples descarga física. É o que se pode constatar quando se observa alunos que entram, por exemplo, para uma aula de desenho, após uma prova bimestral de duas horas. É claro que eles não odeiam seu professor de desenho: basta ver como lhe sorriem ao entrar na classe, mas, também não o temem. Como ainda estão sob o impacto do tenso esforço que acabam de dispender, começam sua aquarela de uma forma um pouco displicente. Depois, um se põe a resmungar, outro derruba de propósito seus potes de tinta, com um barulho muito forte, um terceiro se levanta. Um quarto, que borrou seu desenho, solta um palavrão. Depois, tudo volta ao normal; simples desordem de descarga intelectual e física, que o professor erraria se tomasse muito a sério e que, em todo caso, não é absolutamente dirigida contra sua pessoa. Seria um erro dar importância a esta forma de oposição e ver nela uma expressão de relações afetivas entre professor e alunos. Pelo contrário, estes últimos manifestam uma certa neutralidade frente ao mestre, mediante uma reação que é mais fisiológica que afetiva.

Do mesmo modo, não devemos levar em conta o que se refira à desordem provocada por companheirismo. Às vezes, os alunos não buscam, de forma alguma, "perturbar" este ou aquele professor. Se o fazem, é de um modo abstrato, para se afirmar diante do adulto em geral, reforçando sua coesão em um grupo mais ou menos secreto que tem seus ritos, seus mistérios, suas palavras de senha, seus exageros verbais inacessíveis ao adulto. É um tumulto deste gênero que nos descreve J.-P. Sartre em "L'Enfance d'un Chef", no qual estudantes secundaristas empregam expressões que não podem ser compreendidas pelo professor e que pertencem a um grupo que tem suas tradições e seu cerimonial. É evidente que tais reações se inscrevem sobretudo, no âmbito de um estudo de sociologia da educação (1) aplicada às relações do mestre e da coletividade.

A desordem poderá ser considerada como uma reação individual de um aluno ao seu professor apenas no caso de nos acharmos diante de um líder ou um provocador. Este último poderá nos indicar suas intenções respondendo, por exemplo, a perguntas do tipo: "Você faz "bagunça" mesmo sendo bem-visto pelo mestre?" O aluno preferido poderá, algumas vezes, certo da indulgência do mestre e da impunidade, provocar um tumulto para se divertir e para mostrar aos demais alunos que ele pode se permitir tudo, até mesmo fazê-los sofrer uma punição em seu lugar. Esta outra pergunta: "Acontece de você perturbar um professor inofensivo?", pode nos levar, mediante um exame do que se pode chamar um tumulto por transferência, à noção de reação de hostilidade indireta. Pode acontecer que um aluno deteste um professor que o submete a uma disciplina férrea. Como não usa-se rebelar contra ele, deixa extravasar a sua revolta na aula seguinte, dirigindo sua ação contra um professor indulgente, que pagará pelo outro.

Uma pergunta: "Você costuma perturbar um professor simpático?", leva a respostas que podem mostrar a existência de uma desordem como tentativa de aproximação e camaradagem com o professor. Por exemplo, um aluno pode interromper uma aula para colocar questões mais ou menos inesperadas. Se o professor responde, é levado a fazer confidências pessoais com as quais os alunos se divertem imensamente, até que acabam por interessar-se: o tumulto, começado como uma certa oposição, morre em uma atmosfera de amistosa aproximação.

Enfim, esta última pergunta: "Você organizou uma desordem para se vingar de um professor"?, revela os verdadeiros opositores ao mestre, os quais dão prova de zombaria maldosa (alusão às enfermidades do mestre, à sua obesidade, à sua vida privada, que não hesitarão em evocar por meio de desenhos ou palavras convencionais), de crueldade (armar ciladas na sala de aula, com cadeiras desequilibradas ou bombas fedorentas que atingem o professor, desencadeando a hilaridade geral), de espírito de organização (um aluno, em um tumulto combinado, inicia na hora H uma ação coordenada, na qual cada um desempenha um papel que lhe foi assinalado pelo instigador da desordem, sendo este último o verdadeiro oponente do mestre).

Poderemos, ainda, determinar certas formas de oposição com as seguintes perguntas suplementares:

29

Você faz caricaturas de seu professor? Costuma imitar sua voz ou seus tiques? Costuma provocar seus discursos habituais sobre suas ocupações preferidas (arte, política), ou favorecer suas manias? Riu mais do que o razoável com suas brincadeiras? (zombaria). Costuma fazer muito barulho na sala de aula, arriscando-se a atrair o diretor ou um vigilante para humilhar seu professor? Costuma preparar-lhe armadilhas, fazendo-lhe perguntas insidiosas, de duplo sentido, às quais ele não poderá responder senão muito mal, ou fazendo alusões à vida particular da classe, sem que ele se dê conta disso? Você costuma apresentar um ar falsamente atento, entregar, de propósito, uma folha em branco, exagerar a excentricidade de sua postura, acentuar tudo que possa desagradar a seu professor? (hostilidade dissimulada). Você costuma fazer o contrário do que ele pede, dizer que detesta a matéria que ele ensina, fazer gestos obscenos em sua direção, exteriorizar seu desprezo pelos valores que ele transmite? (hostilidade dirigida contra os valores).

Estas respostas não serão inteiramente utilizáveis a menos que sejam relacionadas com aquelas que o entrevistado pode ser levado a dar às perguntas referentes à atitude que manifestou, no passado, em relação ao mesmo professor. Pode-se também confrontar suas respostas com as que é capaz de dar em uma entrevista sobre o mesmo assunto realizada algum tempo depois. Pode-se então perguntar ao aluno, se as reações experimentadas frente ao professor continuaram as mesmas. Serão observadas variações devidas a uma conscientização mais clara das necessidades pedagógicas e educativas que orientam, freqüentemente, a atitude dos mestres, sem que estes estejam animados por uma maldade qualquer em relação aos alunos. Perguntas como:

Você tem a impressão de que no fundo, seu professor não é tão mau quanto você achava? Não acha que ele agia pensando no seu interesse? Percebeu que atrás de seus modos ríspidos se ocultava uma afeição profunda por você?

podem levar o aluno a estabelecer as modificações de sua posição afetiva no "par educativo".

Estas variações serão mais sensíveis ainda, quando se trata de adolescentes aos quais se pede que comparem os sentimentos que experimentam atualmente em relação a seus antigos mestres, com aqueles que tinham quando freqüentavam suas aulas. Perguntamos a jovens de 18 a 20 anos, de um curso de formação de professores primários, se eles experimentavam a mesma impressão quando reviam hoje seu antigo mestre. Freqüentemente, inegáveis mudanças tinham transformado os vínculos que os uniam. A vida do "par educativo" aparece tão complexa e instável que até se faz necessário continuar as entrevistas por meio de uma observação que se estenda ao longo do tempo.

C) *A Entrevista com o Educador Correspondente*

Paralelamente às entrevistas com o aluno, interessa descobrir o comportamento do mestre que agiu sobre ele. Uma entrevista com o professor é algo muito delicado e exige grande discrição. Deve ser realizada com muito tato e uma grande circunspecção. Se procurarmos ver claro nas respostas do mestre, será possível perceber que os sentimentos da criança por ele são, muitas vezes, o eco de sua indiferença, de sua tirania a respeito de coisas insignificantes, ou do seu rancor contra tudo aquilo que provenha da adolescência, de seu desejo de se fazer amar ou admirar, de sua generosidade ou de seu amor. Enfim, a atitude de um professor de personalidade forte, que vive verdadeiramente os valores que ensina, pode explicar o profundo respeito ou admiração que o adolescente experimenta por ele.

Evidentemente, estas entrevistas não podem conter perguntas previamente fixadas. As informações recolhidas não serão sempre dignas de fé e não terão o valor daquelas que se pode esperar de uma entrevista com uma criança. Mais informados sobre as coisas pedagógicas, e mais reticentes para confessar certas posições que poderiam ser censuradas, não estão nada dispostos a responder a perguntas incômodas, mesmo no decorrer de uma entrevista familiar e cordial. Aliás, muitos deles as conhecem mal, e ignoram sinceramente, por falta de uma análise séria da própria conduta, o caráter discutível de sua atitude frente às crianças. Um mestre que procure se fazer amar pelas crianças quase não suspeita da tirania que exerce sobre elas. O melhor é examinar o mestre sob o ponto de vista pedagógico e educativo, de uma forma indireta, no decorrer de entrevistas em que não se tratará de pedagogia nem de educação, ou melhor ainda, observá-lo quanto ao seu comportamento profissional na aula. O modo como um mestre pede às crianças que façam uma redação livre, induzindo-as a tratar de temas que lhe dariam prazer, diz muito mais da extensão de seu imperialismo do que as respostas mais ou menos preparadas que ele poderia dar a certas perguntas. Quando estivermos de posse de um conjunto abundante de informações sobre o aluno e o mestre, deveremos evitar tirar delas uma interpretação prematura, pois, numerosos fatores aberrantes poderiam nos levar a aceitar conclusões errôneas.

D) *Interpretação dos Resultados: os Fatores Aberrantes*

Evitemos buscar a causa do amor, do ódio, ou da indiferença de uma criança em relação ao seu mestre unicamente na atitude deste último. Já sugerimos que fatores externos ao mestre podem agir sobre a criança.

Lembremos aqui a importância dos fatores históricos e geográficos, principalmente quando se trata, como foi o caso de nossa investigação, de alunos e mestre tomados no meio argelino.

Evoquemos, igualmente, os fatores que podem influenciar a atitude de um aluno para com seu mestre, uma vez que a criança se acha comprometida em outras relações afetivas com as pessoas de seu círculo imediato.

Da mesma forma que devemos nos preocupar com a posição afetiva do aluno frente aos seus colegas, seu pai ou sua mãe, estamos obrigados a considerar certos detalhes que, à primeira vista, parecem estranhos ao nosso problema (situação familiar do professor, seu passado, situação familiar da criança, classificação na escola, rejeição por uma determinada matéria do currículo). Uma criança que perdeu seus pais, que é a primeira da classe em matemática, ou que é a última, ou que é mimada em casa, estará mais ou menos predisposta às reações de afeição ou hostilidade, sem que a presença do professor tenha aqui um papel determinante.

Basta dizer por ora, quanto é importante não aceitar sem discussões uma resposta do aluno. Enfim, e de um modo mais geral ainda, teremos que considerar a psicologia da criança, à medida que ela desencadeia certas respostas de preferência a outras. Uma criança assinala, principalmente, o que a incomoda. Ela não tem consciência de como sua ação é favorecida pelas qualidades pedagógicas de seu mestre, da mesma forma que não sente seu estômago quando ele funciona regularmente. É por isso que suas respostas terão um caráter mais negativo que positivo.

Idênticas precauções deverão ser tomadas quando se quiser entrevistar um professor, ou observar a atitude que ele adota perante seus alunos. Pode acontecer que as crianças não sejam a causa direta de seu comportamento. Se um mestre foi educado com rigor, por pais autoritários ou mestres severos, se teve grandes infelicidades na vida, se perdeu um filho, ou se não o teve, ele se achará colocado, diante de certas crianças, em condições afetivas particulares, à medida que uma criança lhe recordará a imagem do que ele foi outrora, ou do filho que perdeu, desencadeando nele ímpetos afetivos ou queixas nostálgicas. Esse professor, cuja mocidade e a vida sentimental foram mais ou menos sacrificadas a estudos fastidiosos, poderá procurar os jovens ou, pelo contrário, ter ciúmes de sua beleza, sua juventude, sua despreocupação, sem que sua atitude seja uma resposta direta ao comportamento das crianças.

Traçadas as linhas de nossa investigação, resta-nos estabelecer, à luz dos resultados obtidos, os diferentes tipos de "pares educativos".

BIBLIOGRAFIA

1. Ver Roger Cousinet, *La vie sociale de l'enfant*. Essai de sociologie enfantine, ed. du Scarabée, 1950.

CAPÍTULO TERCEIRO

Os tipos de "Pares educativos"

A) *Preponderância do Papel do Mestre*

Todo exame das interações afetivas do mestre e do aluno nos revela que a vida do "par educativo" está submetida à iniciativa preponderante do professor. É ele que anima a relação, que lhe imprime caracteres particulares, que suscita as reações do aluno pela simples presença e pela atitude que adota desde o início. Isso parece, aliás, normal, se se pensa que ele desempenha, por sua função, o papel de *mestre,* que o obriga a tomar a orientação moral e intelectual da criança. Cada mestre dá a esta orientação o impulso inicial, à sua maneira, segundo sua própria originalidade.

B) *Diversidade do Papel e das Atitudes do Mestre*

Tivemos a prova desta diversidade nas respostas que nos foram dadas por duzentos professores primários à pergunta: "Que sentimentos se pode ter em relação às crianças de uma classe?"

1) Diversidade dos impulsos iniciais

As respostas revelam uma certa confusão, mas, são unânimes em assinalar as variações das atitudes afetivas, em função dos alunos, dos meios sociais de onde provêm e do desenvolvimento pedagógico do mestre.

Uma professora, desde o início, manifesta à sua maneira, um amor concreto por todos os alunos, em cada um dos quais descobre uma atraente originalidade:

Nunca me interessei por crianças antes de ser professora. Não lhes fazia mal, porém, não me ocupava delas. Mas, desde que tenho alunos, penso que as crianças têm necessidade de alguém que cuide delas. Tento me aproximar delas, compreendê-las, conhecê-las, amá-las. Meu objetivo é instruí-las com o método que melhor lhes convenha, pois cada uma é um caso particular. Não há duas que reajam da mesma maneira, que vivam nas mesmas condições, que tenham caracteres semelhantes. Cada uma é um caso especial.

Ou, então, pelo contrário, um professor liga-se às crianças de uma maneira abstrata, desde o primeiro contato:

> Somente contam o trabalho, os resultados e a ajuda que se deve dar a certas crianças. De qualquer modo, o mestre deve evitar todo sentimentalismo. A criança que lhe foi confiada não deverá sofrer nem por ele nem para ele. Bastará ao mestre despertar em seu aluno o interesse intelectual e um certo desinteresse pelos outros planos, que poderia se traduzir assim: estética e *fair-play*.

Outros insistem no desinteresse absoluto que deve regular todas as reações do educador:

> Devemos tentar amar nossos alunos, mas com desinteresse: amá-los, é esquecer-se de si mesmo (eu para eles e não eles para mim); isto supõe abandono da tranqüilidade, renúncia ao sucesso pessoal e à popularidade, aceitação da ingratidão. Devemos respeitar sua fraqueza (física, intelectual, sentimental), sua intimidade, sua fé religiosa, e, se for o caso, sua grandeza (eles têm uma dignidade, uma individualidade, são pessoas humanas).

2) A diversidade das atitudes possíveis do mestre

Cada professor, tendo dado à associação que forma com seu aluno, um impulso que lhe é particular, deve lutar contra sentimentos que o arrastam, muitas vezes, para caminhos divergentes. Citemos esta professora, que combate um amor exclusivista:

> No ano passado, tinha uma aluna de quem particularmente gostava; parecia-me que tinha todas as qualidades físicas, morais e intelectuais. Ela bebia minhas palavras e seguia integralmente meus conselhos. Eu a sentia toda impreg-

nada de mim. E no entanto, estou certa de que, aos olhos dos outros alunos, ela não aparecia como o objeto dos meus favores. Ela era notável, mas eu não queria que ela se destacasse; acabei por enfatizar alguns de seus desacertos, aliás, bem raros, pois não desejaria nunca que esta inegável superioridade que ela manifestava do ponto de vista intelectual, acarretasse uma ponta de orgulho que pudesse estragá-la. Ela era feliz por ser a primeira, um pouco orgulhosa, sem dúvida, mas, apenas o necessário, sem nenhum convencimento, pois, eu me empenhava em lhe mostrar que não fazia senão seu dever.

Ou a indiferença em relação a um aluno não dotado:

Se, às vezes, abandono uma aluna, é porque tendo tentado de tudo para desenvolver seu espírito, aí não encontrei senão uma barreira... Então, vencida, abandono-a um pouco, intelectualmente. E se ela não compreende, isso me deixa indiferente (não é culpa minha!). Tento, apesar de tudo, não deixá-la perder completamente a confiança em si própria, permanecendo sempre objeto de meu afeto. Por isso, faço-a participar freqüentemente das atividades que não exigem muita inteligência. Eu a encarrego de pequenos trabalhos simples, mas que lhe dêem prazer: apagar a lousa, ajudar a cuidar de uma colega, molhar os vasos de flores, até mesmo treinar suas colegas para interpretar as canções...

Uma outra professora se esforça para resistir ao ódio:

São raras as alunas dissimuladas e mentirosas, que se comportam direitinho na frente da professora e que, em família, sentindo-se apoiadas e mimadas, inventam histórias para desculpar a sujeira do caderno ou os maus resultados de uma redação. Mas, tenho uma dessas este ano! Felizmente, minhas lições de moral a têm corrigido, transformado. Ela poderia se tornar perigosa e como não tolero mentiras, creio que acabaria por odiá-la.

Um professor procura reagir contra um sentimento de hostilidade que às vezes o invade:

Não sou indiferente, e meu amor que é feito de piedade e de inquietação quanto a seu futuro transforma-se, freqüentemente, em uma hostilidade nascida do cansaço e do nervosismo. Mas esta hostilidade não dura. E depois... acontece uma pequena satisfação, uma resposta inteligente, que apaga rapidamente muitas decepções.

Ou contra sua parcialidade:

> É difícil não ter favoritos na classe. O pior é que esta preferência recai, inevitavelmente, sobre os melhores alunos. Esta preferência se revela no fato de que se lhes perdoam muitas coisas, enquanto outros alunos serão imediatamente punidos por suas faltas. Nossa afeição deveria dirigir-se sobretudo para estes últimos, certamente aqueles que mais precisam de nós. Tenho um aluno que é mau, mentiroso, insolente. Quando o retenho depois da aula, sai na minha cara. Digo-lhe para voltar. Ele foge. Minha primeira vontade foi mandá-lo embora, livrar-me dele. Mas, não pude fazê-lo: coloquei-me em seu lugar (inquietação, piedade) e fico contente de não ter cedido àquele primeiro impulso. O pior é que este aluno não percebe isto. E não encontro nenhum jeito de fazê-lo compreender.

Uma professora nos conta como tentou percorrer o caminho inverso, partindo de um amor egoísta para chegar a um amor desinteressado:

> Quando eu comecei, no interior, esperava muito de meus alunos e procurava atraí-los; fiquei decepcionada com sua ingratidão. Não compreendia que antes de procurar receber seu devotamento é preciso motivá-lo. Em L..., não me pergunto mais se os alunos gostam de mim. Não tenho tempo para mergulhar em especulações afetivas estéreis. Não procuro adotar uma atitude indiferente ou amável. Sou eu mesma, sem constrangimento; eu os castigo freqüentemente, sem remorsos e sem falar muito; proporciono-lhes também prazer, muitas vezes espontaneamente. Eles ficam felizes na aula, sinto-o, e, às vezes, em detrimento de uma disciplina que deveria ser mais rígida... É preciso gostar de suas crianças. É preciso compreendê-las e dar-se bem com elas. Este sentimento do mestre provoca o dos alunos. Mas, este amor deve ser lúcido e desinteressado. Não se pode exigir muito em troca. Basta sentir que a criança fica satisfeita na classe para ter a sabedoria de não exigir mais. Não somos senão um momento de sua vida, outros as trabalharão em seguida... Esperar seu reconhecimento seria insensato. Quando o rosto de um de meus antigos alunos se abre ao me ver, fico recompensada pelos

meus esforços passados. Sei que ele me esquecerá, mas guardará a lembrança agradável de uma classe onde se sentiu feliz porque era amado...

Enfim, uma professora, que ensina em uma escola de um bairro franco-muçulmano muito pobre, em O..., indica-nos como, com um coração a princípio puro, acaba por fixar-se no amor pela infância (reduzido ao estado infantil), sem se dar conta de que ela acompanha este amor com uma repulsa pelo adulto que o aluno será amanhã:

> Não procuro ser indiferente à criança transferindo meu amor para o homem que ela será amanhã. Absolutamente não! Ao contrário, prefiro-as crianças. São garotos pobres, desnutridos, passando frio, com uma herança catastrófica; são comoventes como pobres seres indefesos, enquanto pequenos, mas, mais tarde!!! Que humanidade!

C) *Os Tipos Existenciais*

Em outras palavras, o mestre aparece sempre livre de escolher uma atitude e um comportamento particular diante de suas crianças. Colocado no interior de uma relação educativa, em face de um aluno, pode encarar esta situação de três perspectivas diferentes.

Na primeira, o professor procura ignorar completamente o interesse e a vida íntima da criança. O aluno não se justifica, mais ou menos conscientemente, a não ser que se coloque a seu serviço. A coletividade escolar não tem outra finalidade senão a de lhe proporcionar satisfações pessoais na busca do proveito, de uma boa reputação, ou da realização de certas ambições. Esta é a posição que examinaremos no "par educativo" caracterizado pelo egoísmo do professor e a indiferença pela criança.

O educador pode, também, ao invés de desprezá-la sistematicamente, preocupar-se com a vida da criança, com a intenção de conquistá-la e apropriá-la para si próprio. Dir-se-á, para empregar termos comumente utilizados em psicologia da criança, que o professor a reduz a si próprio, ou que a assimila segundo as exigências de seu egocentrismo. Redução da criança, assimilação pelo professor, transformação do aluno em objeto mediante a produção nele, de automatismos, à vontade do professor, segundo seu desejo de dominar, de se fazer amar ou de impor suas idéias, tais são os termos que nos parecem mais adequados para sugerir o imperialismo do professor, sob cujo signo o "par educativo" também poderá ser estudado.

Finalmente, a terceira perspectiva consistirá em conhecer a vida da criança para respeitá-la e enriquecê-la, quer estabelecendo uma troca afetiva e intelectual com ela, quer enriquecendo-a, com tudo o que o professor lhe traz, generosamente, ao praticar a doação de si próprio sem exigir retorno. Este será o "par educativo" caracterizado pela troca e a renúncia.

Na primeira perspectiva, o "par", que nenhum elo recíproco chama verdadeiramente à vida, acha-se situado no que chamaremos de casos amorfos. Na segunda, o conflito se instala no interior da relação professor-aluno: serão os casos de tensão. Enfim, na última, mestre e aluno se reunem no feliz encontro que descobriremos nos casos de harmonia.

Esta classificação dos tipos existenciais somente pode ser tomada como indicativa: ela não permite fixar este ou aquele professor num determinado tipo. Ele pode sempre mudar de atitude, e mesmo que não o faça, não se pode apreendê-lo definitivamente. Age sobre o aluno ao mesmo tempo que este provoca uma reação nele; um e outro, pelo jogo instável de duas presenças, aparecem-nos com a maior mobilidade. Tudo o que se pode apreender deles é o vínculo das relações vivas que impede de considerá-los um sem o outro. Veremos que, dado um ponto de partida, segundo a preferência que o professor tenha por uma das possíveis atitudes do adulto perante a criança, se organiza toda uma cadeia de reações mais ou menos previsíveis a partir dessa tomada de posição inicial.

CAPÍTULO QUARTO

Os casos amorfos: "Pares educativos" caracterizados pelo egoísmo do professor e a indiferença pela criança

No primeiro dos tipos existenciais que assinalamos, o professor, que se desinteressa de tudo o que acontece no coração do aluno, não se preocupa nem com seu amor nem com seu ódio. Procura viver somente para si, sem procurar atrair a criança. Pede à sua classe, apenas que seja uma fonte de vantagens pessoais. Não se trata de imperialismo direcionado para a conquista das crianças, como veremos no próximo capítulo, mas de um egoísmo que se converte em razão moral da conduta do professor na classe.

Examinemos alguns desses educadores que, através das crianças, somente procuram satisfazer seu interesse pessoal. Ao mesmo tempo, tentaremos conhecer as reações que esta atitude provoca no aluno.

A) *Exame de alguns mestres egoístas e das reações que sua atitude provoca nos alunos*

1) Os que gostam da vida confortável

O sr. D..., encarregado de uma escola primária, com todos os seus cursos (meninos e meninas de 6 a 14 anos), procura uma vida confortável na classe. Sua felicidade consiste em ficar tranqüilamente sentado à sua mesa, enquanto as crianças fazem uma longa cópia em seu caderno. Deseja que a sala de aula seja florida, decorada e mantida muito limpa pelos alunos. Leva em conta apenas seu interesse e sua tranqüilidade pessoal no arranjo de seu ambiente ou no dos alunos, na distribuição dos programas, na disposição dos horários, na escolha dos exercícios. Não gosta de dar aulas de educação física e empreender excursões didáticas cansativas e trabalhosas. No entanto, não deixa de ter competência pedagógica. Ele tem, aliás, intenção ue dar uma mostra de suas qualidades em uma pequena obra que submete à aprovação de seus alunos, à medida que a redige. No ano anterior, consagrou-se ao estudo dos cogumelos e, com a colaboração dos alunos, rapidamente transformou sua classe em sala de exposição das principais famílias de cogumelos. Que importam as matérias curriculares e o programa de ensino! O que acontece é que este professor quer ignorar o interesse da criança, que está ali somente para seu serviço pessoal, para seu proveito, como alvo das lições particulares que ele obtém ao insistir, nas suas relações com os pais, sobre as deficiências da criança e sobre as notas exageradamente baixas.

Interroguemos as crianças desta classe. Não parecem se opor ao mestre. Pedro P... fica contente de lustrar a mesa e limpar a sala e o pátio do recreio. Ele é sempre o primeiro a solicitar trabalhos deste tipo. Obedece facilmente ao mestre e mantém seu caderno impecável, cuidando particularmente dos exercícios de cópia. Responde às nossas perguntas de uma forma espontânea, dizendo que se dá bem com o professor. É evidente que este tem interesse em moldar rapazinhos deste tipo, que não lhe dêem nenhuma preocupação e que tenham a ilusão do trabalho, apesar da fraca atividade intelectual que lhes é pedida. Também João-Pedro C... aceita com entusiasmo servir o professor. A limpeza do jardim, as idas aos armazéns da aldeia, todas as pequenas tarefas da vida doméstica são desempenhadas por ele com boa vontade, com tanto mais solicitude quanto ele não gosta nem um pouco dos exercícios escolares. É um servidor nato. Pede aos pais para pagarem aulas particulares para ser bem-visto pelo professor ou para obter melhores notas na aula. Gosta de se apresentar diante do professor carregado de flores ou levando presentinhos. Conforme o caso, responde às solicitações do professor com servilismo, docilidade, generosidade ou alegria, sem sentir-se profundamente afetado com isso.

Denise M..., 13 anos, é uma aluna aplicada, meiga com os alunos do curso preparatório. Não lhe faltam qualidades pedagógicas e sabe corrigir com paciência os erros dos alunos. É a ela que cabem as tarefas pedagógicas da classe. Monitora nomeada, é uma espécie de mestra auxiliar que cumpre seu trabalho com zelo e satisfação. Infelizmente, não se fala se ela conseguirá seu certificado, porque não tem a preparação sólida que o professor se esquece de lhe dar. Ela é ajudada, no seu trabalho pedagógico, por Ahmed B... (12 anos), que se encarrega da disciplina. Ele é o guardião da ordem escolar, anotando cuidadosamente o nome dos desordeiros no quadro, enquanto o professor redige uma carta, sentado à mesa. Ele está orgulhoso e feliz por ter essa incumbência.

É desse modo que cada criança da classe tem sua parte nas tarefas materiais, pedagógicas ou disciplinares, requeridas por uma pequena sociedade organizada exclusivamente no interesse de seu chefe.

Quase todas as respostas dos alunos deixam de assinalar relações estreitas entre eles e o professor. A total indiferença deste quanto aos sentimentos e a vida interior do aluno não desperta na criança nem amor nem ódio. Só um, Renato A..., de natureza inteligente e muito meiga, se lamenta de que o professor não lhe dê muitos "verdadeiros problemas" e "exercícios difíceis". Um dia, disse ao professor que não queria mais fazer as pequenas tarefas materiais que são o quinhão quotidiano dos alunos de sua classe. O professor o puniu e zombou dele diante de todos os seus colegas. Desprezado pelo professor, experimenta agora, em relação a ele, sentimentos de oposição que o impelem a não mais se interessar pelo trabalho escolar. Ainda que o relacionamento professor-aluno, nos casos precedentes, pareça muito inconsistente para que se possa verdadeiramente falar da existência de uma "relação educativa" que desaparece numa atmosfera de indiferença mais ou menos recíproca, o jovem Renato A... e seu professor dão origem a um "par" caracterizado por uma hostilidade, pouco pronunciada, sem dúvida, mas real de ambas as partes.

2) Os que gostam de prestígio profissional

a) O sr. A..., em uma classe primária (meninos, idade média de 11 anos) procura através de seus alunos, a possibilidade de aumentar seu prestígio profissional, seja junto aos colegas, seja junto aos superiores. Quer experimentar todos os métodos possíveis, submetendo os alunos a todos os regimes, desde o da disciplina rígida até o da liberdade total, passando pelo da liberdade controlada. Tentará, no decorrer do mesmo ano, a imprensa escolar, com a utilização do texto livre, a individualização do ensino com o trabalho com fichas, para voltar aos métodos tradicionais algumas semanas antes do exame. O essencial, para ele, é ter a reputação de um pedagogo original, de um experimentador de primeira ordem, curioso da pedagogia. Que importa se o aluno é transformado em cobaia!

Ele toma a atitude do cortesão que adula os superiores pondo em prática, o mais rápido possível, as instruções dos inspetores, mesmo que apareçam como a expressão de certas manias; mediante a exibição ostentatória de um material que transforma a classe em sala de exposições sem proveito para as crianças; pelo cuidadoso preparo de uma lição, que reserva habilmente para uma possível inspeção; enfim, por exercícios escritos que são passados a limpo tendo em vista obter cadernos aparentemente de alto nível, que possam iludir um diretor ou inspetor muito afoito. O cortesão não procura agradar apenas aos chefes. Ele sabe, também, bajular os pais dos alunos e o orgulho que eles sentem por seus filhos; e se dobra às suas exigências, mesmo que elas provoquem procedimentos antipedagógicos como aquele, tão freqüentemente reclamado pelos pais, de longos deveres de casa. Como ele quer passar por um excelente professor, exigente e competente, será sempre severo, tanto mais que, fazendo-o em nome da perfeição que representa aos olhos dos alunos, se empenha em acentuar a distância que os separa. Os alunos reagem, de modo geral, com sentimentos de respeito e de admiração. Ficam deslumbrados com seu professor e comparam, orgulhosamente, o trabalho que fazem com ele, com o das classes vizinhas. Aqui, igualmente, não seria o caso de "par", dada a ausência de qualquer sentimento do professor em relação às crianças.

b) O sr. R..., como o sr. A..., parece preocupado com sua reputação. Em uma classe terminal do curso primário, começa por declarar, desde o primeiro contato com os alunos, que todos eles são de um nível muito baixo e de uma "burrice" incrível. Esta afirmação, feita na classe ou fora dela, tanto na frente dos alunos quanto na dos pais ou dos colegas, se traduz em notas sistematicamente baixas desde os primeiros exercícios, com um número exagerado de zeros. Fica-se obrigado a supor a coragem extraordinária de que deverá dar provas para levar seus alunos a um nível conveniente. Pouco delicado para com os colegas que o precederam, protege-se de suas eventuais críticas e se prepara habilmente uma escapatória, afirmando a falta de inteligência de todos os seus alunos. É guiado em seu trabalho pedagógico, pela idéia de que apenas contam os resultados dos exames finais.

O ensino perde rapidamente, com ele, toda virtude educativa e formadora através da aprendizagem de mecanismos e truques produtivos nos exames (meios mnemotécnicos aplicados a esquemas uniformes, séries de frases feitas que, correspondendo a certos temas--tipo, podem ser inseridas nas provas). O ensino se apresenta reduzido em seu conteúdo, simplificado, esquematizado, fácil de reter em uma forma dogmática submetida a repetições maciças. A memória da criança é solicitada quase que constantemente. Todas as estatísticas concernentes à porcentagem de aprovados em relação ao número de candidatos que se apresentaram para os diversos exames, figuram com destaque nos lindos quadros afixados nas paredes ou mesmo publicados nos jornais locais. Os alunos fracos, que talvez tivessem uma pequena chance nos exames, mas que arriscariam diminuir esta porcentagem, são sistematicamente deixados de lado e não são inscritos na lista dos candidatos. Aliás, o sr. R... demonstrará aos pais que a criança não tem absolutamente nenhuma possibilidade. Os alunos fortes que, por causa de suas aptidões particulares, poderiam ser orientados para exames de resultados menos espetaculares, são sistematicamente arrastados para exames de grande publicidade.

O exame do comportamento dos alunos perante o sr. R... revela reações bem parecidas com as precedentes. Todos acham que têm um bom professor, que os faz trabalhar e que lhes parece muito qualificado para fazê-los serem aprovados no exame. Um deles nos disse que está contente por se achar nesta classe. Seu pai lhe repete todos os dias que ele tem sorte por estar com o sr. R..., quando poderia estar na classe vizinha, onde não se faz nada. De um modo geral, as crianças manifestam respeito e admiração por seu professor, e, se dão bem com ele. Este chega a responder de uma forma sentimental à maneira de trabalhar das crianças: porque uma criança se põe a compreender suas lições e a realizar algum progresso, este professor chega a mudar o comportamento diante dela. Mas, seu sentimento não tem senão uma origem profissional ou pedagógica e carece de profundidade. Às vezes, ele perde a calma. Suas cóleras não são motivadas pelas reações afetivas do aluno, com as quais pouco se importa, mas, pelas falhas intelectuais das crianças que trabalham mal. Um aluno, o mais atrasado de sua classe, não acerta nenhum de seus exercícios e aparece como um escândalo pedagógico aos olhos do professor, que se exalta até o ponto de rasgar brutalmente a página do seu caderno ou a bater nele. Não se trata, para o professor, de manifestar qualquer hostilidade para com o aluno, mas de exteriorizar o mesmo despeito e o mesmo nervosismo que leva um operário a jogar longe, com violência, uma matéria-prima demasiado resistente. Tampouco, neste caso, se pode falar em vínculos afetivos entre o aluno e o professor, pelo menos neste último que, zelando apenas pela qualidade dos resultados dos quais quer se orgulhar, continua a ignorar a vida interior do aluno. As relações entre alunos e o professor se situam no plano bastante abstrato do trabalho intelectual e revelam uma tonalidade afetiva bastante neutra que quase não oferece variações.

3) Os que gostam do trabalho pedagógico fácil

A sra. J... é professora de matemática em uma classe primária de terceiro ano (meninas). Ela faz o serviço para o qual é paga. É tudo. É, em suma, uma empregada como outra qualquer, ou uma operária para a qual o material a ser trabalhado é o aluno. Não tem mais amor ou aversão pelo aluno do que o fabricante de carros pela chapa de metal. Como este último, ela se interessa, sobretudo, em escolher o material mais fácil para trabalhar.

Sua tendência mais ou menos declarada será atrair para si as melhores alunas, "arranjando" à sua maneira os exames de promoção, e ameaçando com o regulamento para conseguir excluir de sua classe uma aluna muito fraca. Para ela, quanto mais elevado é o nível da classe no início do ano escolar, mais ela fica satisfeita, mais seu trabalho será facilitado; as séries boas são aquelas em que a matéria--prima é excelente. As alunas, no conjunto, respondem a esta atitude com um vago respeito convencional. Elas se sentem relativamente à vontade diante de sua professora, que não procura nem submetê-las pela força, nem prendê-las por uma afeição constrangedora que exigiria retorno. Notamos, no entanto, uma aluna, lúcida o bastante para se dar conta da falta de entusiasmo da professora, desinteressar-se de seu trabalho, e uma outra que se lhe opõe, desleixando voluntariamente sua tarefa. Mas, no conjunto, e da mesma forma que nos primeiros casos que consideramos, trata-se aqui de ausência de relação educativa. Alunas e professora, mutuamente indiferentes, apenas apresentam relações tradicionais de respeito e de obediência nas suas manifestações exteriores.

B) *Evolução das relações afetivas no interior do "par educativo" submetido ao egoísmo do professor*

1) Reações afetivas dos professores nos casos de tendências contrariadas

O professor que não pode satisfazer seu egoísmo com nenhum de seus alunos, parece reagir de uma forma abstrata e geral. Por exemplo, o profissional ambioso, insatisfeito, se converterá no destruidor de tudo o que existe no âmbito escolar. No caso de fracasso profissional, ele vai procurar criticar tudo. Para ele, as crianças são todas degeneradas e retardadas. É incrível o elevado número de anormais que ele descobre em sua classe, quando não pode alcançar os resultados que alimentariam sua vaidade. A administração, sempre incoerente, os programas sobrecarregados, a sociedade decadente e pervertida que dá maus exemplos aos alunos, o Estado, incapaz de oferecer boas condições materiais propícias para um ensino útil, são os temas mais correntes de sua argumentação, juntamente com o da "criança degenerada". Concretizará todos os seus rancores, aliás, na maneira de avaliar os alunos. As notas baixas serão numerosas, e o professor não se dará conta nem de longe, de que ele é o responsável pelas más notas que atribui a um exercício que suas explicações ou o seu trabalho profissional não conseguiram tornar produtivo.

2) Evolução dos sentimentos do aluno para com os mestres egoístas

Da parte da criança, as reações afetivas desfavoráveis só virão muito tempo depois. Na impossibilidade de interrogá-las vários anos após suas primeiras respostas, perguntamos a adultos que se acharam na sua juventude frente a professores desse tipo, o que pensam deles, hoje. Pode-se ver como passaram do respeito convencional, da vaga admiração, da indiferença polida, ou mesmo do contentamento experimentado durante seu período escolar, ao desprezo que sentem hoje por seu antigo professor. Diz um deles:

> Tratava-se de um professor que dava aula mal, multiplicando as lições de cópia para ter longos minutos de liberdade, que utilizava para pôr em dia sua correspondência, conseguindo poucos resultados nos exames, distribuindo grande quantidade de "cascudos" para se beneficiar de uma tranqüilidade toda pessoal na classe. Parece-me, hoje, de uma nulidade quase inconcebível.

Um antigo aluno, outrora respeitoso em relação ao seu mestre, experimenta agora, por ele, desprezo e hostilidade. Um outro que, apesar dos resultados obtidos nos exames com um professor mais preocupado com o rendimento do que com a formação, conheceu muitas decepções na sua carreira, por não ter um método de trabalho que seu professor não lhe ensinou, diz que o reconhecimento que experimentava por seu professor desapareceu completamente. Enfim, um aluno que apreciara vivamente a habilidade profissional e a utilização de métodos atraentes, constata que se rompeu o encanto de outrora. A admiração de então deu lugar à oposição pedagógica do adulto, que censura o professor por ter procurado apenas se fazer valer pelo emprego ostensivo de métodos originais, em lugar de trabalhar no exclusivo interesse do aluno.

No conjunto, as reações do aluno quando estava na escola ou quando se torna adulto, quase não têm intensidade. Elas marcam, a custo, a vida do professor e a do aluno, do mesmo modo que o "par educativo" é quase inexistente ou inconsistente. Por essa razão, pudemos agrupar todas as nossas observações na série de "pares educativos" amorfos.

CAPÍTULO QUINTO

Os casos de tensão: "Pares educativos" caracterizados pelo imperialismo do professor

A) *Observação de alguns professores e das reações que despertam nos alunos*

Nos casos examinados precedentemente, vimos que o egoísmo do professor é acompanhado de uma indiferença para com a vida pessoal do aluno. Estes não são, para o professor, senão um meio para obter certas satisfações materiais e pessoais. Por isso sua posição frente à classe fica num plano geral e provoca reações mais intelectuais e escolares que afetivas. Não acontece o mesmo nos casos de imperialismo, nos quais o professor deseja conquistar as crianças, sempre se esforçando por considerar concretamente cada um dos casos particulares que se apresentam no seu relacionamento com elas. É o que poderemos ver pela observação do comportamento de alguns professores e das reações que provocam em seus alunos.

1) Os professores ávidos de afeto e admiração

a) O sr. N..., que ensina no 2.º ano, curso médio, de uma escola de meninos (idade média de 12 anos), só tem um desejo: ser amado por seus alunos. Não é um amor a longo prazo que ele quer: ele não procura se fazer amar pelo homem de amanhã, mas, imediatamente, pelo menino de hoje. Tenta conquistar seus alunos com uma indulgência excessiva, com atitudes de ternura acompanhadas do vocabulário correspondente, com maneiras de companheiro que vão até ao ponto de fazê-lo adotar a linguagem de seus alunos. Para agradá-los, chega a descer a seu nível. Uma grande demagogia inspira todos os seus atos. Para ele, os alunos têm sempre razão e não hesita em ser seu cúmplice perante o diretor da escola ou seus pais. Que lhe importa ser desprezado mais tarde, se o amam agora! Tem seus preferidos, que correspondem facilmente à sua afeição; um deles o agrada particularmente. Considera-o como seu próprio filho. Não tendo tido a alegria de ter um filho em seu lar, não resiste à tentação de pedir a uma criança a afeição da qual seu coração paternal foi privado. Esta ternura não é isenta de tirania e de inquietação. É a criança tal qual é hoje que ele quer imobilizar em seu desenvolvimento. "Ah! se ele pudesse permanecer sempre assim", é o desejo egoísta que se ouve às vezes ele formular, semelhante à mãe exclusivista qu continua a vestir seu filho de uma forma muito pueril e a fazê-lo viver "agarrado às suas saias", como que para imobilizá-lo na posição mais favorável à submissão que ela deseja. O mestre não pára de pensar nessa criança, não consegue evitar uma forma equívoca de pedir um olhar no decorrer de uma aula, de preparar especialmente uma lição, destinada em princípio a toda a classe, mas, na realidade a este único aluno, ou ainda, de insistir em fazer alusões às lembranças pessoais dessa criança para criar uma espécie de intimidade com ela. Às vezes, pode-se adivinhar sua preferência secreta, até no tom ríspido de certas expressões como: "Anda, sua besta!"

Parcial em seu comportamento frente às crianças, subjetivo na sua forma de trabalhar, o sr. N... acaba por apresentar uma pedagogia amorosa que se propõe conquistar as crianças pela facilidade do trabalho, pela apresentação original e atraente das lições. Dá uma importância excessiva aos capítulos que agradam à criança e elimina do programa certas dificuldades aborrecidas. Suas maneiras sedutoras e femininas permanecem firmes no propósito de obter a submissão terna de uma criança, cujo reconhecimento ele solicita sob a forma de pensamentos e atos que não devem mostrar nenhuma divergência com ele. Submete as crianças à sua direção que, por ser afetuosa, não é menos constrangedora. Mesmo quando fazem leituras pessoais ou trabalhos livres, impõe-lhes sua presença amigável, passando e tornando a passar atrás deles. Se os alunos fazem uma pesquisa literária em grupo, ele se integra na equipe onde quer representar o papel de conselheiro afetuoso. Se deve avaliar os alunos, é naturalmente levado às boas notas para conquistar-lhes a afeição. Por outro lado, é pouco firme em suas notas, mudando-as no último instante segundo suas preferências e as reações dos alunos. Nunca tem a mesma forma de dar notas ao mesmo aluno e sempre aplica ao máximo o critério afetivo. De modo geral, tudo indica que, para ele, a criança não é um ser original, que precisa desenvolver-se livremente, mas, um ser diferente dele que é preciso conquistar e reduzir a si, não pela força como muitos podem pensar, mas pelo amor.

Interrogamos a maioria dos alunos deste professor. Uns respondem com docilidade e dedicação à exigência de afeto que lhes é dirigida.

Renato M... não procura senão agradar a seu professor, mas, infelizmente, não é um bom aluno. O amor que lhe dedica inibe freqüentemente seu trabalho, provocando-lhe o medo de não ser bem-sucedido e de desagradá-lo. Cada vez que se engana tem a impressão de ser uma criança ingrata, que não sabe agradecer ao professor como seria preciso, a tal ponto que acaba por perder todos os seus recursos mesmo diante das tarefas fáceis. O único trunfo que lhe resta é fazer proezas no decorrer das aulas de educação física, para deslumbrar o professor, mesmo com o risco de se ferir. É tudo o que pode oferecer-lhe.

João B... adora seu professor. Passa e torna a passar várias vezes diante dele, de manhã, para cumprimentá-lo. Prodigaliza-lhe mil sorrisos e olhares atenciosos. De família muito pobre, tenta por todos os meios oferecer-lhe alguma coisa. Confessa-nos que um dia roubou flores na porta do cemitério para trazê-las, cheio de orgulho e vermelho de emoção, para seu professor bem-amado.

João M... se diz o "queridinho" do professor. É sempre ele que traz o giz, que apaga a lousa e que vai buscar o seu casaco no fim da aula. O professor o recompensa com um belo sorriso. João confessa que, de tempos em tempos, aproveita para pedir um favor, ou denunciar um aluno indisciplinado, ou ainda para tomar com orgulho, a liberdade de se fazer de palhaço em classe, sem correr o risco de ser castigado. Busca assim, se fazer admirar a qualquer custo, mas não tem a simpatia de nenhum de seus colegas.

Pedro S..., no mês anterior, era o preferido do professor, e fazia tudo o que podia para agradá-lo e mostrar-lhe sua afeição. Mas tudo isto agora acabou. O professor, sem motivo aparente, tirou-lhe toda sua estima e lhe dá notas muito baixas, mesmo que seus deveres estejam tão certos quanto antes. É verdade que, há algum tempo, ele toma aulas particulares com um professor de uma escola vizinha, do qual fala sem parar. O professor que deseja se fazer amar não hesita, assim, em deixar claro para seu preferido uma atitude desdenhosa e hostil, que indica desfavorecimento.

Outros alunos, ao contrário, se rebelam contra essa tutela afetuosa. Paulo E... confessa:

Não gosto que se ocupe de mim todo o tempo. O professor me pergunta sempre o que penso, mas, não percebe o que se passa conosco. Ele me trata com intimidade, mas não gosto disso.

Gazetear a aula é a única coisa que agrada a Luís S... O professor, no entanto, só pensa em mimá-lo. Luís S... não pode sonhar na classe sem que ele lhe diga: "Meu Luizinho, como estás

57

triste! O que está acontecendo? Estás doente? Tens algum aborrecimento?" São sempre perguntas embaraçosas, feitas por um professor que passa seu tempo a prevenir ou a cuidar dos desejos de seus alunos.

Luís S... está cansado deste afeto incômodo e da "terna tirania" de seu professor. De vez em quando, a "gazeta" o faz esquecer os encantos de sua gaiola florida. O professor não compreende este "menino malvado" que quer escapar, quando alguém se ocupa dele de uma forma tão suave e tão atenciosa! Esta criança rebelde aparece-lhe como um monstro de ingratidão, a tal ponto que acaba por corrigi-lo sem piedade, aumentando ainda mais os castigos. Aquele a quem chamava antes de "Luizinho" tornou-se "um inútil", "um mau exemplo". É assim que a reação da criança atua sobre o professor, habitualmente afetuoso, para torná-lo impiedoso com este aluno que é objeto de mil vexames. Ao perceber que o aluno não se resolveu a amá-lo, o sr. N... deixa eclodir seu despeito e seu rancor. Se tem seus "preferidos", tem também suas "vítimas". Entretanto Luís S... não se queixa desta severidade exagerada. "Trabalho melhor quando o professor me repreende e não espera nada de mim", diz-nos ele. Parece que ele reencontra seu equilíbrio diante do professor à medida que este muda seu desejo de amor em hostilidade.

b) O sr. R... é professor em uma escola comum de meninos e em outra de meninas. Nós o observamos atuando em classes de primeira série em ambas as escolas. Como o professor anterior, o sr. R... busca a afeição de seus meninos procurando contrariá-los o menos possível, multiplicando as boas notas e dando provas de uma indulgência sistemática. O desejo de ser amado se complica nele com uma necessidade de confidências destinadas a valorizá-lo. "O primeiro curso que nos deu foi uma oportunidade para nos contar sua vida", disse um aluno. É desse modo que ele tenta estabelecer uma espécie de intimidade com seus alunos. Alguns respondem com entusiasmo a esta tentativa de aproximação, e se envolvem com ele a ponto de esposar-lhe as idéias, a forma de suas frases, seus tiques verbais. Estão sempre prontos a defendê-lo se alguém o ataca e a afirmar, com parcialidade, que ele é o melhor professor da escola.

Outros não manifestam o mesmo entusiasmo. João S... não gosta da bondade do professor que, a seus olhos, se transforma rapidamente em fraqueza e injustiça.

Ele modifica suas notas, diz-nos, quando um aluno reclama e pretende merecer uma nota mais alta por ter dedicado muito tempo à sua lição

Pedro V... não hesita em se opor vigorosamente ao professor, zombando de suas confidências. Escreve "Viva a Marinha" em todos os quadros-negros, antes do início da aula, para ridicularizar o professor que lhes contou de suas façanhas como oficial durante a guerra. Confessa-nos que não hesita em rir mais do que o razoável de uma "tirada" de seu professor e em incomodá-lo, fazendo-lhe perguntas de duplo sentido. Mais ainda, freqüentemente assume a liderança de uma desordem, ocupando-se de todos os detalhes.

Renato S... se insurge contra os desordeiros:

Não faço desordens. Sofro pelo sr. R... e tenho dó dele. Não compreendo os alunos que encontram em sua extrema benevolência, alguma coisa de degradante.

Este aluno reage à oposição de seus colegas aproximando-se ainda mais de seu professor, o qual, por sua vez, responde à hostilidade de alguns alunos lançando-se irrefletidamente na estima de Renato S..., que sabe fraco e tímido, e dando provas de uma severidade injusta em relação àqueles que suspeita serem os instigadores dos colegas contra ele.

Na sua classe de meninas, consegue captar melhor a afeição das alunas. Simone T..., sua preferida, age freqüentemente movida pelo orgulho de mostrar às suas companheiras, que pode se permitir o que as outras não ousam fazer. Ela nos confessa que chega a rir ou fazer gracinhas, ou cantarolar durante as aulas.

Joana B... nutre uma admiração sem limites por seu professor, a quem orna de mil qualidades. Está tão profundamente envolvida no plano afetivo, que experimenta para com ele um verdadeiro amor, sem dúvida muito puro e pouco consciente, mas nitidamente caracterizado através das respostas sinceras e inocentes que citamos *in extenso*:

Este ano, meu professor preferido é o sr. R... É um homem de uns trinta anos, de cabelos escuros e olhos castanhos sempre risonhos. Ele tem um bigodinho e um sorriso muitas vezes zombeteiros. Quanto à moral, é certamente otimista. Seu caráter é formidável. É bom, justo e gosta de sua profissão. É até elegante demais, pois algumas de suas alunas zombam dele. Creio que tem o mesmo ideal político e moral que eu. Perdoa tudo e não castiga nunca, mas não é por isso que o amo. Ele me agrada, sim, por sua juventude. Há uma razão para admirá-lo: é ter sido um ótimo aluno, já que se tornou professor muito jovem. Ele me impressiona muito por sua voz. Acho-o absolutamente formidável por isso. Provavelmente é com ele que trabalho melhor. Perturbo-me muito quando ele me interroga, pois tenho medo de me enganar e ainda que não perca o fio de minhas idéias, acontece-me de gaguejar. Até agora não gostava nada da matéria que ele ensina. Ignoro seus sentimentos a meu respeito. Mesmo que não sentisse nenhum afeto por mim, eu o amaria. Se eu faria uma ação má para agradá-lo? Não sei, se fosse para prestar-lhe um serviço. Talvez. Faria grandes coisas por ele, mas com meus recursos. Fazer-lhe juramentos e obedecê-los? Sim, mas em certas condições. Talvez a verdade esteja acima dele, mas a justiça não. Absolutamente não. Pois ele é, até agora, uma das pessoas mais justas que encontrei. Parece-me ser a primeira pessoa à qual recorreria em caso de necessidade. Seus conselhos não poderiam ser senão excelentes e os seguiria com alegria, mesmo que isso me custasse. Sim, eu o considero muito bom companheiro. É quando ele se mostra assim que o prefiro. Sim, seria fantástico sair com ele a passeio, ao cinema, pois, como o disse, ele é um companheiro maravilhoso. Eu o preferi aos outros professores, sempre, desde o primeiro dia. Nunca faço caricaturas dele. Se o imito, é sem maldade e antes, maquinalmente. Não gostaria de armar-lhe ciladas e sofro quando outras alunas o fazem.

E conclui com este retrato ditirâmbico, onde não vê senão uma única sombra que a faz desejar que ele seja mais severo com certas alunas:

> Não desejaria ter nenhum outro professor senão o que tenho neste momento e que já apontei, o sr. R... Amo-o por tudo: por sua maneira de ensinar, por sua habilidade para nos fazer estudar, por seu talento, por sua justiça, pelo seu bom-humor inabalável, pela facilidade com que se põe em nosso nível, pela variedade de suas explicações que certas alunas acham medíocres, mas que são interessantes quando a gente se dá ao trabalho de escutá-las. Parece-me que só lhe falta uma única coisa. Penso que deveria se mostrar um pouco mais severo, pois suas alunas perturbam-no em excesso. Principalmente algumas delas. Fora isso, é um professor formidável, que eu gostaria de ter sempre, sempre...

O sr. R... acha que esta dedicação é uma justificativa para seu mérito, para sua habilidade em se fazer amar. Ele aí vê, também, uma compensação pelo que sofre, às vezes, na sua classe de meninos, onde desejaria acabar com certas zombarias que jovens incapazes, a seus olhos, do menor reconhecimento, continuam a dirigir-lhe. Sente que com eles se tornaria rapidamente sensível a uma política de repressão e que antes preferiria ser detestado do que amado por estes meninos, tão pouco interessantes. Desapontado e pessimista, se pergunta se não seria melhor reduzi-los à obediência, ainda que à força.

2) Os professores dominadores

a) A sra. B... é encarregada da 2.ª série, curso médio, de uma escola primária feminina (idade média: 11 anos), que ela dirige de uma forma muito autoritária, submetendo suas alunas à mais rigorosa obediência. Mesmo quando se orienta, como foi o caso do ano anterior, para métodos modernos que tendem a dar maior importância à iniciativa do aluno, à sua espontaneidade, à sua liberdade, não pode esquecer seu desejo de autoridade. O texto livre é então fortemente sugerido, os textos para imprimir são revistos e corrigidos, a excursão toma rapidamente um caráter militar, as equipes não escapam à sua tutela. Este ano ela voltou aos "bons" métodos tradicionais, nos quais seu despotismo pôde se exercer mais facilmente.

Fátima A... aceita a tutela da professora. Ela se encarrega das tarefas miúdas e denuncia as colegas que erram. É bem-vista pela professora.

Algumas das alunas que sonharam com sua mestra revelam, nas descrições, um desejo de vingança:

> Sim, sonhei que minha professora estava na classe, contando a história de duas bonecas, uma bela e outra feia, quando de repente, duas bonecas brotaram do chão e se lançaram sobre ela. No sonho, não tinha medo dela como na classe, onde é muito severa.

ou o sentimento confuso de ter apanhado a professora em erro:

> Um dia, eu sonhei que a professora me havia punido porque ela lia seu jornal e foi surpreendida pelo barulho que fiz quando derrubei a caneta. Tive a impressão de não ter a mesma atitude que na classe.

ou, enfim, castigos exemplares e abomináveis:

> Uma noite, eu sonhei que minha profesora nos cortava o pescoço.

ou a impressão de uma vigilância desagradável e obsessiva:

> Sim, eu sonhei que ela me olhava através da vidraça, insistindo em me olhar. Eu via seus olhos azuis se fixarem constantemente em mim. Foi então que tive medo.

Esta oposição se revela também nos jogos, a propósito dos quais algumas crianças declaram:

> Eu brinco de escolinha. Sou o professor. Bato muito nas crianças que não sabem nada. "Sim, quando brinco de escola, bato com um bastão".

Pedrina S... nos confia que põe vários apelidos em sua professora: "Tarzan", por causa de sua força, ou "a velha". Ela nos comunica algumas reflexões indelicadas sobre sua professora, que quer se embelezar. Acrescenta que não ousaria dizer nada abertamente à sua professora, nem induzir suas colegas a zombarem dela. Sua oposição permanece quase sempre verbal e secreta.

Uma outra aluna, Zohra B... não esconde o medo que sente diante de sua professora:

> Quando a vejo na rua, tenho medo, escondo-me para não encontrá-la.

Na classe, ela não se sente à vontade e fica como que paralisada:

> Às vezes, tenho tanto medo da professora que esqueço frases inteiras das minhas lições, que no entanto, eu havia exposto muito bem à minha mãe.

Consideremos algumas das alunas da sra. B... para examinar suas reações diante do seu despotismo. Maria Rosa P... se diverte em sua casa, brincando de escolinha com sua boneca, seu gato, seu cão. Ela procura fazer o contrário do que faria a mestra com alunos de verdade: bate no gato que age bem, dá açúcar para o cão que se comporta mal. Onde a professora aplicaria uma sanção, ela dá uma recompensa, e vice-versa. Às vezes, reúne crianças menores e lhes dá uma aula. Quanto mais elas erram, melhores notas recebem.

Aline R... não é a preferida de sua professora, bem longe disso! Ela não pode fazer uma pergunta sem ser repreendida. No entanto, ela acha que teria muitas coisas a dizer, graças a um espírito crítico já desenvolvido. Mas, a professora não lhe dá nenhum crédito: "É uma ladra, e o que é pior, uma ladra estúpida", diz.

De fato, Aline já lhe roubou da gaveta da escrivaninha, uma nota de cem francos, um batom e alguns números de rifa. Uma investigação convenceu-a rapidamente da culpabilidade de Aline que, aliás, confessou tudo sem reticências. O que choca sua professora, é que ela rouba sem motivo aparente. Não é movida de maneira alguma pelo interesse, já que declarou ter jogado o batom no vaso sanitário, rasgado os bilhetes de rifa para jogar os pedaços no riacho, e distribuído o dinheiro aos pequenos do curso preparatório para que comprassem balas. Não se poderia ser mais estupida. Foi-lhe aplicado um primeiro castigo (suspensão de três dias) para reconduzi-la ao caminho do bom senso e da honestidade. Seus pais, envergonhados como se eles próprios tivessem cometido o roubo de que sua menina se tornara culpada, espancaram-na para dissuadi-la de recomeçar. E Aline voltou à escola. De braços cruzados e os olhos brilhantes de malícia, ela segue as explicações da professora, já que, se levanta a mão, será para ouvir dizer: "Abaixe a mão. Você não tem nada para dizer". Novo roubo, nova investigação, novo castigo. A criança é expulsa da escola e transferida para uma escola vizinha.

O caso de cleptomania apresentado por Aline R... não é, sem dúvida, isento de certos aspectos psicopatológicos manifestados pelos oprimidos e contrariados. Mas, pode-se perguntar se ela não oferece a imagem normal de um pequeno ser espontâneo e sadio que, querendo se afirmar face ao conformismo escolar e a uma professora tirânica e injusta, dá livre curso a instintos selvagens e livres, que poderíamos considerar como indicadores de possibilidades suscetíveis de serem exploradas por uma professora inteligente. Talvez haja em Aline a promessa de uma mulher forte, de caráter bem vigoroso. Erra-se ao expulsar da classe os pequenos ladrões. Talvez se devesse conceder-lhes uma atenção mais compreensiva, a exemplo de André Gide, que segue com uma curiosidade divertida os gestos de Moktir, que rouba a tesoura de Marcelino, (1) ou os de Bernardo, que furta a valise de Eduardo. (2) Diante deste caso de rebelião incoercível, contrariada no exercício de uma autoridade que quer ser dominante, a sra. B... torna-se branda para reduzir, com boas palavras, a criança à obediência; depois, furiosa, fixando-a com seu olhar imperioso, acentua a gravidade dos castigos.

Notemos, enfim, para terminar, as reações suscitadas pelo comportamento da sra. B... em meninos de 12 anos de uma classe de que ela se encarregara no ano anterior. Com exceção de três alunos que se opuseram vigorosamente à sua autoridade, e que foi preciso trocar de classe, os demais aceitaram de uma forma menos afetiva o comportamento de sua professora. Não sentiram em relação a ela nada além de um vago respeito convencional, mesclado com uma certa indiferença que os levou a um desgosto quanto à instrução em geral, com reações mais intelectuais que sentimentais.

b) Examinamos os alunos do sr. O..., encarregado do 2.º ano, curso médio (idade média de 12 anos) numa escola de meninos, e que se parece muito com a sra. B... Notamos, em primeiro lugar, os alunos que, aniquilados em sua vontade e em sua liberdade, não pareciam capazes de nenhuma reação diante de seu mestre que, mais ou menos, os aterrorizava.

André B... é inteligente quando está em casa. É o orgulho de sua família por sua vivacidade. Compreende sempre as lições de seu irmão mais velho, é hábil no cálculo, faz as contas de sua mãe com uma rapidez incomum. Na escola, na classe, seus olhos apagados e estúpidos não vêem mais nada, não consegue fazer as operações aritméticas mais simples. Quanto mais alto grita o professor, menos ele compreende.

Luís A... nunca olha para o professor, mas sente que seu olhar está fixo nele quando escreve. Então ele começa a se mexer em seu banco, a fazer rasuras. É sempre nessa hora, que um grande borrão em seu caderno atrai a atenção dos vizinhos e que o mestre lhe inflige uma punição. Para ele, é bem a prova de que o mestre estava a espreitá-lo.

João A... parece-se com ele, e como ele, sabe que o mestre o olha. Manifesta-o por sinais de inquietação, batimento de pálpebras, crispação da boca, mas, contrariamente a Luís B..., que nunca levanta os olhos de seu caderno, sente desaparecer sua vontade própria e acaba por levantar a cabeça. Não há então, em seu pequeno corpo dobrado, mais que a submissão ao professor, que pode fazê-lo dizer ou executar tudo o que espera dele.

Descobrimos a seguir, um grupo de crianças que se opõem indiretamente ao sr. O..., vingando-se dele em si mesmas, ou em seus pais, ou em algum animal. Finalmente, outras procuram atacar de uma forma mais direta, em vez do professor, sua imagem. Um último aluno encontra sua libertação na fuga.

Pedro Y... rói as unhas e chupa a caneta com um tique que consiste em mostrar os dentes piscando o olho. Ele confessa quando interrogado: "O professor me dá medo...". Para ele, a hostilidade ao professor não pode ser completamente exteriorizada: não se atreve a provocá-lo abertamente em classe. Mas, não tem coragem bastante para se opor, por compensação, ao seu círculo imediato. Sua oposição acaba por ser orientada para a sua própria pessoa, por meio de reações que o levam a se mutilar fisicamente. Preguiçoso, ele erra habitualmente seus problemas de aritmética, não fazendo o menor esforço para resolvê-los. Muito freqüentemente, faz mesmo questão de passar por um aluno estúpido e finge ignorar conhecimentos que possui perfeitamente. Tem-se a impressão que se mutila intelectualmente, da mesma forma que faz com seu corpo, por simples reação contra o professor, cuja presença constante e atormentadora procura afastar.

João T... faz sempre o contrário do que lhe dizem em casa. "É preciso trabalhar... vá se lavar... não suba nas árvores", diz-lhe a mãe, enquanto ele se empenha em não fazer nada disso. O que espanta, é que na escola é o mais obediente dos alunos. Um pouco constrangido, sem dúvida, mas sempre solícito, ele se inclina aos menores desejos de seu mestre. Mas, não gosta dele, e o acha muito autoritário. É para a mãe que dirá, tão energicamente quanto possível, o "não" que não ousa dizer ao professor, e ela não compreende porque seu filho, tão obediente em classe, é tão insuportável em casa.

Renato C... é o líder de uma *gang* de assassinos de animais na periferia de uma grande cidade. Dirige um pequeno bando organizado, cujas ações consistem em furar os olhos de pacíficos gatos e dependurá-los em ganchos que aparecem nas paredes das construções. Às vezes, variando o prazer, os apedrejam até a morte. Cãezinhos indefesos, muito confiantes, reunidos em bandos, são esborrifados com álcool, incendiados e jogados num buraco cuja abertura é, a seguir, hermeticamente fechada. Muitas vezes o bando, não conseguindo matar todos os animais ao mesmo tempo, os enterra vivos. O líder, interrogado, vive na classe o terror de um professor que o submete a uma disciplina férrea. Declara de forma evasiva, que "tem muitos (problemas?) por estar debaixo de outros". Parece que se rebela contra a autoridade que pesa sobre ele, procurando afirmar a sua sobre os mais fracos. Os fatos que acabamos de relatar provocaram, após a campanha de um jornal local, uma investigação, cujo resultado mais evidente foi submeter a infeliz criança a uma tirania ainda maior.

Rogério M... faz sempre caricaturas de seu professor. Quando termina os desenhos, gosta de rasgá-los e jogar os pedaços no fogo, apesar das reiteradas recomendações de sua mãe. Pedro L... acha-se esmagado sob o peso de uma reputação tão má quanto a de Aline. Seu professor, que o maneja com firmeza e o submete a uma vigilância cerrada, diz que ele é uma "criança perversa, sempre pronta a enforcar a aula". Pedro acompanha a realização dos exercícios de uma maneira apática, sempre no mesmo ritmo, sem imprevistos, sob o olhar implacável do professor. Ouve o chamado de uma vida ampla e livre enquanto contempla uma nesga do céu azul. Na semana passada, faltou dois dias à escola, sem motivo, para "rodar" por aí, sob a chuva, longe de casa. É tão embrutecido quanto Aline. E no entanto, como gostaria da escola, se o professor quisesse escutá-lo:

Como a criança que rouba, a fujona não deve ser necessariamente expulsa da classe. Não coloquemos no pelourinho os alunos

65

que o professor qualifica tão facilmente de "cabeça dura" porque um dia desrespeitaram uma ordem. O sr. O... poderia explorar os desdobramentos de seu gesto, pensando que as crianças más (fujonas ou ladras) trazem, muitas vezes, a esperança e a possibilidade de uma humanidade renovada.

Posto a par dessas atitudes, o sr. O... esboçou uma mudança de comportamento, mostrando um certo liberalismo. Foram organizadas excursões educativas, durante as quais as crianças teriam a liberdade de recolher amostras de materiais diversos. Mas, ele permaneceu o déspota de antes, guardando-se de pedir uma opinião qualquer aos alunos. Ele próprio fixava as partidas, para as quais as crianças se tinham cotizado, escolhia o lugar e a data, deixando de lado alguns alunos, e reservava-se o direito de punir os refratários. Todos os poderes de decisão e de execução permaneciam concentrados nele, que comandava a alegria, os sorrisos e os cantos no decorrer do passeio, durante o qual era o único a não sentir o constrangimento que pesava sobre o grupo.

c) A sra. C..., professora em um curso complementar de meninas (classe de 3.º), lembra os professores precedentes pelo seu comportamento; às vezes, fica contrariada com a resistência de algumas alunas. Note-se que as reações das mocinhas interrogadas são, principalmente, de ordem sentimental. Solange R... nos diz:

> Ela tem inveja de minha juventude. Não gosta que eu pratique esportes e se compraz em interrogar-me no dia seguinte ao de um jogo do qual tenha participado, só para me dar uma nota baixa. Tenho também a impressão de que uma aparência muito moderna, com maquiagem, a faz ficar com raiva, por isso evito essas coisas. É verdadeiramente má, e gosta de fazer a classe rir às minhas custas. "Srta. R..., a senhora fez grandes progressos; tirou 2 pontos sobre 20", disse-me ela, ao entregar minha última versão. Ela me humilha. Eu rasgaria com prazer seu retrato se o tivesse em minhas mãos. Meu desejo é deixar a escola para não vê-la mais. Sei de onde vem sua maldade. É que um dia me permiti dizer a respeito de um texto sobre as escolas inglesas, que os alunos de um colégio tinham a sorte de viver num clima de liberdade. Foi assim que ela embirrou comigo, e se tornou má, zombeteira e vingativa, enquanto que com o resto de minhas colegas ela é simplesmente tirânica, ou até amável com uma aluna que a obedece cegamente e lhe conta tudo o que digo a seu respeito. É a sua preferida.

d) O sr. B... é professor de uma escola de rapazes (classe de 2.º) e pouco se incomoda com o amor ou o ódio de seus alunos.

Tudo que exige deles é uma obediência absoluta. Seu desejo de dominação encontra um campo privilegiado no exercício de suas funções docentes. Busca tais satisfações com tanto mais empenho quanto mais sua necessidade de autoridade se acha contrariada fora da classe, seja em sua própria casa, onde se curva às exigências de uma mulher autoritária, seja nos grupos sociais aos quais pertence, de modo que não deseja outra coisa senão impor, na classe, a disciplina e a vontade que não pode fazer prevalecer em outros lugares. Não dá nenhuma liberdade ao aluno. Se este manifesta uma certa independência, ou esquece uma recomendação que lhe fora feita, por exemplo, sobre a disposição material de um dever ou a colocação de uma figura na solução de um problema de física, receberá uma nota exageradamente baixa.

No conjunto, os alunos reagem mais ou menos vigorosamente. Miguel R... diz:

> Ele dá zeros a torto e a direito. Acabo de receber um, por um problema cuja solução estava redigida em mau francês, embora meus resultados estivessem exatos. Fiz-lhe uma observação a respeito. Imediatamente fui castigado. O sr. B... não admite nenhuma crítica, nenhum pedido de esclarecimento. Eu o detesto e o acho mau, caprichoso, mesquinho.

A reação de Miguel R. é sobretudo verbal. Roberto S. está disposto a se revoltar contra o professor, mas não o faz abertamente, preferindo tomar ao contrário os valores que ele ensina:

> Vocês querem que eu melhore para não merecer mais suas censuras? Nunca! Sim, ele me humilhou, não por caridade, mas por maldade.

João P... gosta de "perturbar" e só pensa em fazer desordens na aula:

> Gostaria de fazer besteiras durante a aula do sr. B..., mas, não é fácil. Ele me faria expulsar da escola. Compenso tanto quanto posso na aula de outro professor mais permissivo. Um dia, este último percebeu um aluno que fazia desordem. Olhou-o fixamente, depois tirou seu casaco, enquanto meu colega retirava o relógio de seu pulso. Então o professor golpeou o meu colega que se debatia. Batamos sobre as mesas, disse eu a meus colegas. Nossas risadas se misturavam ao ruído de nossas mãos que batiam nas mesas.

Roberto P..., em lugar de se opor ao sr. B... de uma forma indireta, dando livre curso à sua necessidade de "bagunçar" a aula de um outro professor, tenta timidamente fazê-lo na presença do sr. B... Não chega a provocar uma desordem em regra, mas se contenta em levar o professor a repetir: "Sempre o mesmo, hein!"

Outro dia, nos conta, convenci vários colegas a colocarem a gravata torta como a do professor.

E acrescenta:

Quando faz uma brincadeira, não rio, mesmo que seja boa, só para ver sua reação. Às vezes, depois de ter recebido um castigo, faço um gesto obsceno, com o antebraço erguido para o ombro, em sinal de zombaria ou desprezo,(3) à moda argelina, sem que ele me veja.

O sr. B... não ignora sempre tais manifestações. Sua repressão é então, impiedosa. Contrariado na sua exigência de autoridade, não hesita em provar sua maldade. Sobrecarrega o aluno de trabalho e desenvolve os programas com todo o rigor. Empenha-se no uso hábil de ciladas e trapaças que enganam até os melhores alunos, esconde grandes dificuldades em exercícios aparentemente fáceis. O embaraço do aluno lhe proporciona uma alegria que manifesta abertamente, como que para se vingar da agitação e da independência que alguns deles manifestam. Ele adora ridicularizá-los, fazer-lhes certas perguntas cujas respostas encerrem uma contradição que evidencie a pretensa inépcia do aluno. Opõe-se a um, muito independente, fazendo recair sobre ele julgamentos desdenhosos que o levam a novas faltas, com a expectativa de punições mais graves. De modo astuto e às vezes perverso, impele-o para um outro delito qualquer, que castigará com uma condenação impiedosa. Acaba por desconfiar de todas as crianças e converter-se em vítima imaginária. Para ele, as crianças são provocadores em potencial, quaisquer que sejam as suas intenções, quaisquer que sejam seus atos ou sua aparente submissão. Não vê nelas senão antagonistas, aos quais não hesita em declarar guerra desde o primeiro dia de aula, com o risco de criar um clima de desentendimento e de desconfiança, desde o primeiro contato. É assim que as reações de independência dos alunos o tornam cruel, pessimista, desiludido.

B) *Aspectos gerais dos casos de tensão dos "pares educativos" influenciados pelo imperialismo do educador*

O exame de todos os casos particulares oferecidos à nossa observação pode permitir-nos evidenciar alguns aspectos gerais do "par educativo" colocado sob a influência do imperialismo do professor.

1) O comportamento do professor

Nos numerosos casos em que deseja reduzir a criança à sua exigente pessoa, o professor parece animado por sentimentos que, vistos de fora e rapidamente, se apresentam como muito louváveis, mas que revelam, mais freqüentemente, uma natureza imperiosa e constrangedora. É o que podemos verificar quando o professor se deixa levar pelo desejo de ser amado ou admirado.

a) No primeiro caso, teremos o professor demagogo, que permite tudo, que deixa fazer tudo, desde que os alunos digam a seu respeito: "É um cara legal". Ele procurará o ensino fácil, multiplicará as boas notas, não se empenhará em exigir o esforço e a atividade intelectual dos alunos. Estará quase sempre do lado dos alunos em face dos pais ou superiores. Notemos que a afeição ou o reconhecimento que procura obter da criança podem ser, em grande parte, o resultado de uma derivação ou de uma compensação de sentimentos contrariados fora da classe. Este ou aquele professor que somente tenha tido decepções sentimentais ou que quase não atraia as pessoas adultas, pode ceder à tentação de criar entre ele e seus alunos uma atmosfera sentimental que não consegue na convivência com os adultos.

b) Podemos dizer o mesmo daqueles que quase não brilham em sociedade, que têm dificuldade em agradar a um público freqüentemente difícil, e que encontram na sua classe um auditório bem mais dócil, sempre pronto a rir alto de "tiradas" que muitas vezes são apenas aparentemente espirituosas.

O mestre não resistirá, então, em multiplicar as palavras agradáveis, os trocadilhos, as alusões engraçadas, as comparações inesperadas. Aliás, tem também à sua disposição, outros meios muito fáceis de se fazer admirar. Trata-se, por exemplo, da demonstração muito ostensiva de uma cultura que se quer fazer parecer como extraordinariamente ampla. O professor deseja mostrar uma memória espantosa, uma erudição pouco comum. Onisciente e infalível, quer aparecer como um poço de ciência, detentor de todas as verdades.

Orgulhoso e vaidoso de si, seguro de sua superioridade em relação à criança, tem a tendência de dar às suas aulas um conteúdo pessoal, às vezes paradoxal, opondo-se às idéias freqüentemente admitidas pelos professores anteriores, sustentando o contrário de tudo o que foi feito antes dele. Busca conhecimentos raros e preciosos, que quer ser o único a poder explorar convenientemente. A forma de seu ensino é comumente brilhante, original, atraente, com lições

69

dramatizadas, nas quais quer mostrar sua destreza pedagógica, mas onde a participação da criança é forçosamente reduzida.

c) Entre o desejo de se fazer admirar e o projeto de tudo governar na classe e de fazer prevalecer sua exclusiva autoridade, não há mais que um passo, rapidamente franqueado pelos mestres mais "imperialistas". Constatamos que os professores que sucumbem a esta tirania o fazem, muitas vezes, e do mesmo modo que entre aqueles que desejam a afeição dos alunos, para compensar seu fracasso na busca de uma autoridade que não podem afirmar fora, no mundo dos adultos. Numerosas possibilidades são oferecidas ao educador para satisfazer sua necessidade de autoridade, desde a ternura até o uso da força bruta. Em primeiro lugar, pela doçura e pelo reconhecimento aos quais se obriga o aluno, pode-se exercer sobre este o que poderíamos chamar de "tirania da ternura". Por meio de palavras afetuosas, de uma falsa imagem de si mesmo que é apresentada, leva-se a criança à reações de docilidade. "Já que você é tão gentil, fará isso, não é, meu pequeno", "já que você não quer me aborrecer, não irá a tal lugar..., etc.", são algumas das expressões que estão sempre nos lábios do doce tirano, que obtém, assim, ao mesmo tempo, a satisfação do desejo de ser amado e da necessidade de dominar.

Uma forma bastante aproximada, feita de falso afeto e de crueldade, consiste em, sob o pretexto de corrigir uma criança e de retificar sua conduta, fazê-la confessar seus erros, penetrando indiscretamente na intimidade de sua consciência. Não há pior maneira de possuir outra pessoa do que a de submetê-la a um controle permanente e inquisidor, como se se quisesse que ela não escapasse em momento algum, nem materialmente, nem espiritualmente, do domínio do educador. Desse pequeno ser palpitante e misterioso se quer fazer uma coisa própria para ser observada com uma curiosidade doentia.

Mais franco, porém mais brutal que o inquisidor, o professor autoritário não hesitará em colocar, pela força se necessário, todo seu mundo sob sua palmatória. Nada lhe deve resistir. A menor desobediência é punida impiedosamente, com castigos corporais se achar necessário.

A estes educadores dominadores poderiam ser aplicadas as observações feitas por Lagache a respeito dos condutores, podendo servir o estudo das relações do par condutor-conduzido, ao do par educador dominador-aluno dominado. O exame de alguns tipos de condutores levou Lagache a identificar três atributos do papel de condutor: iniciativa nos contatos sociais, aptidão para organizar e conformidade com o grupo. (4) O professor que quer dirigir tudo na sua classe, tomará a iniciativa de todos os exercícios, pesquisas e excursões pedagógicas, não deixando aos alunos nenhuma possibilidade de escolher livremente suas atividades escolares. Responde, assim, ao primeiro traço apontado por Lagache em seu estudo de psicologia social aplicada. Acontece o mesmo em relação ao segundo ponto. A autoridade do professor é função da ordem que estabelece na classe, de seu método de trabalho, do planejamento das atividades, isto é, de sua aptidão para organizar o trabalho escolar. O terceiro traço nos permitirá diferenciar os educadores dominadores. São aqueles que não podem reclamar do que contraria as exigências escolares e as expectativas dos alunos. Sua posição seria ameaçada se quisessem esboçar uma ação contrária ao pequeno grupo social que têm diante de si. Existe, assim, uma interação entre o dominador e a classe.

André Lévy, retomando a terminologia de Winkler-Hermaden e a de Charlotte Bühler, classifica o condutor no tipo "soberano", que opõe ao "déspota". O educador "soberano" será o dominador que, conformando-se ao espírito do grupo, realiza diante deste um trabalho de assimilação e acomodação. O "déspota", pelo contrário, é o tirano que saberá tomar a iniciativa e organizar o trabalho, como o "soberano", mas sem se preocupar nem um pouco com o que convém ao grupo. Por exemplo, o "déspota" exigirá da criança que copie trinta vezes a lição de História, enquanto que o "soberano" rejeitará tais punições, contrárias à psicologia da criança e ao interesse da classe. Note-se que o tipo "soberano" é aceito pelas crianças, que o admiram pela sua personalidade atraente e forte, se bem que algumas não o suportem. O "soberano" é mais flexível que o "déspota", pois dirige a classe levando em consideração suas aspirações. No fundo, tem apenas a aparência do verdadeiro imperialismo. Veremos logo que ele tem seu lugar em um outro "par educativo", que examinaremos sob a característica da troca proveitosa entre professores e alunos. Para certos "déspotas", a maneira mais eficaz de exercer seu domínio sobre um aluno reside antes na ação que se pode empreender sobre sua inteligência, que naquela que procura submeter seus sentimentos ou sua vontade. Trata-se de dominar as crianças por intermédio de uma posição filosófica, política, ou outra. São os imperialistas do pensamento, os proselitistas, os guias, os chefes. Entenda-se, não se trata de mestres que, orientados para um grande ideal, tentam atrair para ele seus alunos, mas daqueles que atraem as crianças para si, pela via de doutrinas ou princípios filosóficos, para melhor submetê-las à sua autoridade. Pelo colorido dado a certos acontecimentos históricos, pela piedade que se suscita perante certas situações chocantes, pode-se ser libertário ou humanitário, de direita ou de esquerda, belicista ou pacifista, a favor ou contra um Estado forte, a favor ou contra certos personagens históricos. O livre-pensador, o racionalista, o materialista, o idealista, transparecem através da atitude geral ou das explicações dadas em classe. Se o professor gosta de música, de desenho ou de botânica, poderá procurar desenvolver seus gostos na criança que, desse modo, não será mais do que a sua réplica fiel.

2) O comportamento dos alunos

Como reagem os alunos diante de tais manifestações de imperialismo? Cada um o fará a seu modo, seja aceitando submeter-se ao mestre, seja opondo-se a ele. Dois casos devem, pois, ser considerados, segundo o mestre encontre ou não um campo favorável de ação.

a) No caso de uma aceitação do professor pelo aluno, o apelo do mestre que deseja ser amado encontra eco no coração de crianças sempre prontas a se apegar a quem lhes fale afetuosamente e lhes mostre um caminho agradável, sem exigir o difícil esforço pessoal. Não cessam de prodigalizar sorrisos e "gentilezas" a seu professor e não têm outro objetivo senão agradá-lo: estão tão "impregnadas" dele que imitam seu modo de andar, seus gestos, sua voz e defendem-no quando seus colegas não cumprem suas ordens.

Esta submissão afetiva pode converter-se em intelectual nas crianças que, com conhecimentos limitados e um espírito crítico pouco desenvolvido, estão naturalmente inclinadas a admirar como um todo o mestre que lhes exibe os tesouros de seu espírito ou de sua cultura. Os alunos que se deixam levar por esta ilusão tornam-se rapidamente pessoas dóceis, obedientes, maleáveis e permeáveis a todas as suas sugestões. Admitem, em definitivo, que o professor sempre tem razão e lhe devotam uma admiração passiva que não lhes deixa nenhuma possibilidade de criação ou de expansão.

Quando pois, o professor tem desejo de dominação, encontrará crianças que se conformem com isso, em todas aquelas que aceitam ser submissas e obedientes. De um modo geral, as respostas ao espírito de dominação do mestre poderão ser o conformismo, o espírito de imitação ou uma obediência cega. Assim como a admiração, a obediência terá apenas um aspecto passivo. Veremos, mais adiante, que pode existir um outro tipo de admiração e uma obediência mais educativa, quando uma e outra se referirem, não ao professor, mas aos valores que ele encarna.

b) Outras crianças manifestam reações de oposição em todos os domínios em que o imperialismo do mestre pretende se exercer. Animadas por tendências de auto-afirmação e de resistência ao outro, recusam-se a aceitar o mestre, revoltam-se contra ele e se recusam, obstinadamente, a ser consideradas como sujeitos obedientes ou coisas que se pode utilizar indiscriminadamente. Reagirão diferentemente segundo sua coragem e a consciência que tiverem da situação na qual se encontrem. As reações serão apenas conscientes nos casos de crianças vagamente inquietas, cujo sono esteja perturbado por pesadelos. Manifestar-se-ão como uma resistência indireta nos casos em que os alunos não tiverem coragem de enfrentar abertamente o professor. Vimos que uma das primeiras formas de oposição ao mestre leva a criança a se vingar dele em si própria, seja em seu corpo, seja em sua inteligência (as crianças perversas). As crianças que têm mania de fazer caretas, com tiques mais ou menos acentuados, os falsos "bobos", revelam geralmente esta tentativa de reação contra o professor. Outras se apegam às coisas, gostam de tocar em tudo, de riscar os carros que estão ao seu alcance, de escrever nas paredes, de arrancar as flores, de rasgar livros e cadernos. Têm a necessidade de destruir e de depredar, como outros têm de obedecer (as crianças estouvadas). As crianças chegarão, mesmo, à expressão da maior crueldade para com os animais, como já vimos, em alguns casos mórbidos (crianças cruéis). Enfim, no plano social, a criança se oporá ainda indiretamente ao mestre, seguindo uma linha de menor resistência, provocando seus colegas (crianças briguentas), seus pais (crianças insuportáveis em casa), um outro professor menos severo (crianças desordeiras). Em todos esses casos, a oposição direta ao professor lhe parece muito arriscada.

Uma resistência aberta poderá se manifestar mais claramente nas crianças mais corajosas, pela recusa do trabalho escolar (crianças preguiçosas, que não fazem nada), pela recusa em executar as ordens dadas (crianças desobedientes), pelo emprego de insultos expressões grosseiras diante do professor (crianças malcriadas e insolentes), pela zombaria maldosa (crianças que provocam desordens), ou enfim, pela revolta, pela insubmissão e pela recusa aos valores ensinados (crianças que roubam, que fogem ou são viciadas).

3) Variações e interações dos comportamentos do professor e dos alunos

Os comportamentos das crianças diante de seu professor não se parecem. Da mesma forma, os do professor em relação a cada um de seus alunos apresentam a mesma variedade, cuja origem pode ser encontrada na influência de três fatores: ação diversa das crianças de uma mesma classe sobre seu professor; ação variável no tempo, da mesma criança sobre o professor; ação recíproca dos "pares" formados.

a) O professor que procura o afeto de um determinado aluno, poderá tentar fazer-se admirar por um seu colega, ou tentar dominar um outro que lhe pareça ter uma atitude mais ou menos independente. Pode, assim, formar "pares" tão numerosos quanto os alunos de sua classe e estabelecer, no interior de cada um deles, uma atitude mais ou menos original, sendo a tonalidade de conjunto de seu comportamento dada pela tendência de querer reduzir a criança a si própria. Esta diversidade de comportamento se explica pela diversidade das crianças, cada uma das quais provoca uma reação particular do professor.

b) Por outro lado, a vida de cada um dos "pares" formados pelo mestre com cada um de seus alunos é instável, pelo fato de que no interior de cada "par" as reações de um de seus membros se acham influenciadas pelas do outro e vice-versa. Por exemplo, no caso em que o desejo do educador de reduzir a criança a si próprio seja contrariado pela oposição desta última, o mestre pode ostentar sentimentos pessimistas que o farão achar a criança desagradável e o tornarão predisposto a se lamentar de uma profissão que lhe traz apenas desgostos. Como não se atreve a confessar seu fracasso e suas deficiências, atribui todos os defeitos à criança e acredita que o trabalho educativo está condenado à impotência à medida que, a seus olhos, o confronto entre mestre e aluno contém gérmens de hostilidade e destruição.

Tomemos um outro exemplo. Quando um aluno não aceita a superioridade do professor, e o manifesta com sorrisos irônicos ou tentativas de fazer desordem destinadas a ridicularizá-lo, o mestre pode dirigir-lhe seus sarcasmos e suas réplicas ferinas. Aumenta os castigos, enquanto o aluno transforma em ódio o que, a princípio, era apenas um simples desejo de zombaria. Ou então o mestre, envergonhado por ter sido objeto de "gozação", torna-se tímido. O medo de passar aos olhos dos alunos por uma pessoa ridícula e incompetente o leva a desempenhar um papel muito obscuro, a dar aulas sem valor, a assumir uma expressão fácil tão neutra quanto possível, cortando, desde o início, todos os laços afetivos com os alunos. Nestas circunstâncias, não é mais do que um livro aberto, ou uma coisa que fala.

No caso de que o professor não consiga comunicar ao aluno suas idéias artísticas, políticas ou filosóficas, este não passará a seus olhos, de um "bronco", ou um retardado incapaz de compreender qualquer coisa. Só poderá se opor a ele pelo descrédito, pelo desdém, pela "gozação", pela zombaria maldosa e mesmo pelo insulto. Assim, aquele que acreditava poder impor sua lei e dominar o outro, se vê obrigado a se defender de uma criança que o julga e lhe resiste. Resulta daí uma situação de instabilidade da qual às vezes procura sair, infligindo à criança mil dificuldades ou castigos, cujo único objetivo é reduzi-la ao estado de coisa, essencialmente incapaz de qualquer julgamento a seu respeito. É verdade que o professor poderá reencontrar seu equilíbrio junto de uma criança que se submeta, mesmo com o risco de exacerbar os sentimentos de oposição de seus colegas. Cada um deles tem sua maneira particular de se rebelar contra a autoridade do mestre e que representa uma atitude única que suscita no professor uma resposta adequada.

O mestre sofre, pois, modificações intelectuais em suas idéias sobre a educação e modificações afetivas, enquanto que o aluno, respondendo à sua maneira a esta evolução, está também em constante transformação.

Um complexo jogo de interações nos impede de fixar o educador ou o aluno neste ou naquele tipo. A complexidade do problema reside, com efeito, na impossibilidade em que se acha o observador de descrever o educador ou o aluno como se um ou outro se achasse sozinho diante de seu olhar. Cada vez que ele crê ter apreendido um dos elementos do comportamento de um dos membros do "par", este elemento se modifica imediatamente pela reação do outro membro, que lhe imprime uma nova forma.

c) Cada um dos "pares" formados pelo mestre e seus alunos se conduz como se fosse, ele próprio, um único indivíduo. Tem unidade suficiente para manifestar uma vida que lhe é particular e para atuar, por sua vez, sobre cada um dos outros "pares". Uns agem sobre os outros para fazê-los mudar de orientação ou para modificar as relações afetivas que se pensara ter adivinhado neles. Desse modo, um professor que tenta se fazer amar por um aluno e procura convertê-lo em "favorito" pode, sem querer, modificar a reação de um outro aluno que ele quer reduzir à obediência, e que pode adotar uma atitude de revolta contra o professor, que lhe parece injusto, em seu apego a um único aluno.

Mas, também, o aluno pode redobrar seus favores em relação ao professor, para suplantar seu rival ou, enfim, se opor diretamente ao "preferido", por ciúmes. Neste último caso, o aluno rebelde poderá chegar até a bater no protegido do professor e fazê-lo ficar no "gelo", após tê-lo coberto de apelidos ridículos. Ele será, freqüentemente, o instigador de desordens dirigidas simultaneamente contra o professor e o "favorito", sobre o qual tentará fazer recair a responsabilidade, com o intuito de fazê-lo ser castigado. É um motivo a mais para mostrar como os "pares" formados pelo mestre e seus alunos são dificilmente apreendidos.

Enfim, há uma multiplicidade de "pares" que podem ser formados, cada qual com sua natureza, suas interações internas, sua evolução, sua maneira de influenciar o "par" vizinho e ser influenciado por ele. Esta vida mutável supõe, pois, entre o mestre e o aluno, uma troca, que nos casos enfocados acima não é desejada pelo mestre. Podemos nos perguntar, então, o que pode acontecer quando este último orienta a vida do "par" para uma troca obtida de uma forma consciente e deliberada.

BIBLIOGRAFIA

1. *L'immoraliste*, André Gide, 1902, Paris.
2. *Les faux-monnayeurs*, André Gide, 1926, Paris.
3. Trata-se do "Bras d'honneur", gesto vulgar que, no Brasil, corresponderia ao "dar banana". (N.T.)
4. *Bulletin de psychologie*, p. 605. Groupe d'études de Psychologie de l'Université de Paris, t. VI, 1953.

CAPÍTULO SEXTO

Os casos de harmonia: "Pares educativos" caracterizados pela troca e pela renúncia

A) *Comportamento de alguns mestres observados em correlação com as reações de seus alunos*

Podemos dizer que dois seres colocados um frente ao outro estão em "situação de troca" quando um, oferecendo uma parte de si mesmo ao outro, recebe deste uma outra, e vice-versa. As formas conscientes e voluntárias desta troca no mestre, em presença do aluno, levarão a um enriquecimento mútuo. Buscando conhecer melhor a criança para melhor guiá-la em seu desenvolvimento, transmite-lhe os meios mais adequados para atingir este fim e se sente recompensado pela alegria de ter feito um trabalho educativo criador de vida verdadeira, que lhe dá a impressão de ter prolongado sua própria existência. Esta troca variará segundo a importância e a natureza do que o mestre possa dar e receber. Levada ao extremo, representará, para o mestre, a doação total de si mesmo, o enriquecimento completo de sua pessoa e a mais pura renúncia. Esta diversidade foi encontrada nos seguintes casos que observamos.

1) Os casos de camaradagem

O sr. P..., professor de francês, é o companheiro de seus alunos. Ele os trata, de bom grado, por você, permite-lhes familiaridades, participa de seus jogos de futebol. Não os pune nem procura se sobressair junto deles; compadece-se de suas pequenas desgraças; numa palavra, coloca-se em seu nível e lhes dá a impressão de partilhar-lhes a vida. Contrariamente ao que se poderia pensar, as reações dos alunos nem sempre revelam uma harmonia profunda. Pedro S... se sente constrangido diante deste professor já adulto que quer se fazer de jovem e busca uma camaradagem que lhe parece artificial:

Sinto-me envergonhado diante dele. Não é um "camarada". Sinto-o mais velho do que eu e não posso esquecer que é o professor. Por mais que faça não poderá se colocar no "pé de igualdade" que exige a camaradagem.

Encontra-se a mesma reação de Pedro S... em todos os alunos que continuam a respeitar o mestre por conformismo escolar e que vêem, no seu desejo de camaradagem, uma falta de pudor. Outros, ao contrário, mais livres, mais brincalhões, não hesitarão em trocar este respeito tradicional por irreverência, que os orientará principalmente para a farsa e a travessura. Roberto P... não poupa o sr. P... Seu espírito zombeteiro, que de certa forma é a expressão vigorosa de um espírito crítico já desenvolvido, encontra, no clima de liberdade e de igualdade que supõe a camaradagem, grandes possibilidades de se exercitar:

> Há algum tempo, nos diz, o professor me pediu para acompanhá-lo em um passeio. Como podemos falar-lhe livremente, respondi-lhe que aceitaria com muito prazer se ele fosse uma garota.

É tal a necessidade que Roberto P... tem de respeitar e admirar um professor que se coloque acima dele, que considera o sr. P... pouco competente.

Este último reage contra uns e outros. Aos que parecem furtar-se às suas solicitações, pede que não sejam velhos antes da hora. Com essa atitude, consegue apenas aumentar a distância que o separa dos alunos, tomando a atitude equívoca do adulto que julga e do colega que estende a mão. Ele se consola deste fracasso com uma ou duas crianças que parecem corresponder mais facilmente às suas expectativas e reforça, em relação a elas, os laços de uma camaradagem que acaba por se tornar exclusiva e mais ou menos imperiosa. Quando, no decorrer de uma brincadeira, tentam ridicularizá-lo, é o primeiro a rir; fingirá, em seguida, como bom jogador, não perceber que alguns alunos zombam dele, mas depois acabará por se zangar e corrigir os "miseráveis" que considera indignos da afeição que lhes oferece. O companheiro se transforma, então, em um intratável *magister,* disposto a impor sua autoridade.

A verdadeira camaradagem não pode existir se não estiver acompanhada, no aluno, de um certo respeito. Tivemos uma confirmação disso perguntando aos alunos do sr. P... como imaginavam o relacionamento professor-aluno. Responderam no sentido de uma amizade confiante e respeitosa, mais que no de uma verdadeira camaradagem:

Pouco importa o aspecto físico de um professor. O que eu desejaria nele é, principalmente, um esforço de aproximação com os alunos. Um professor que exponha suas opiniões, mas, que não deixe de examinar as dos outros. Que se coloque ao nível dos alunos nas suas explicações. Rigoroso, se for preciso, quanto à disciplina. Em uma palavra, um professor que não tenha nada de superior e que conceda um lugarzinho às atividades extra-escolares.

Um outro declara:

> Desejaria um professor que fosse, antes de tudo, simpático, e que não se importasse quando um aluno não pudesse responder a uma de suas perguntas; um professor que soubesse conquistar a estima e a afeição divertindo-se, moderadamente, aliás, com os alunos, que tentasse se colocar no lugar deles, que não exibisse seus conhecimentos. Em suma, um verdadeiro colega a quem deveríamos muito respeito.

Estas respostas traduzem um desejo de aproximação que se realizaria com moderação e compreensão e onde cada um conservaria sua posição. A camaradagem muito forçada leva, pelo contrário, a um fracasso mais ou menos doloroso. Esta é a conclusão à qual chega um professor que nos confiou sua amarga experiência. Depois de ter permanecido prisioneiro na Alemanha durante 5 anos e ter passado por penosas provações, experimentou, sob o peso da nostalgia de uma juventude perdida, a necessidade de colocar seu relacionamento com os alunos sob o signo da amizade, da indulgência e da camaradagem. Muitas vezes foi-lhe necessário uma grande coragem para levar sua experiência até o fim e suportar numerosas provações na classe, onde a "camaradagem" dos alunos se mesclava com uma certa maldade. Em relações deste tipo é sempre o professor que faz os indispensáveis sacrifícios, como bem mostra a seguinte cena que ele nos contou:

> Um dia, pelo mês de fevereiro, os alunos estavam justamente na metade do tempo que deveriam passar na escola. Tradicionalmente esse dia é chamado "o dia às avessas". A alegria reinava por toda parte e, segundo o costume, tudo deveria ser feito de maneira inusitada, contrária às atividades escolares correntes. Na classe, os papéis se inverteram: um aluno seria o professor e o professor tornara-se o aluno que se podia interrogar e que se sentava num banco. Os alunos não tinham medo; sabiam bem que o professor queria apenas entrar na brincadeira. A aula

começou. O professor-aluno chegou e o verdadeiro mestre com um aperto no coração o viu entrar. Seu colega por um dia tinha tentado assumir sua aparência, vestindo-se com roupas velhas, de dez anos atrás, acentuando fortemente seu aspecto fora de moda, calças muito largas, paletó muito curto e muito cinturado, como se usava em 1938. Eram as roupas que ele usava, e que tinham sido as únicas que achara em casa após tantos anos de ausência. Todos os alunos riam alto e batiam os pés diante desta caricatura; o professor era o único a pensar com amargura na guerra e nas inúmeras privações sofridas. Era preciso rir. Respondeu de bom grado a todas as perguntas feitas, mas os alunos não desconfiavam quanto o feriam falando com leviandade de um passado recente do qual ainda trazia as marcas na carne.

Os professores, às vezes, têm mérito por rirem com seus alunos. É evidente que os adolescentes quase não podem deixar o mestre entrar facilmente, como um igual, na pequena sociedade que formam. Amar o adolescente tal qual é, a ponto de se identificar com ele e adotar seu comportamento não pode ser uma solução para o professor. É preciso buscar outra forma de aproximação que não exclua o respeito e aceitar as inevitáveis diferenças que existem entre alunos e professores.

2) Os casos de amizade

É em parte o que procura fazer a sra. C..., professora de História, que quer ser amiga de suas alunas (classe de 3.º), propiciando discretamente uma atmosfera de afeto suscetível de criar, no aluno, uma espécie de simpatia respeitosa. Esforça-se para estabelecer entre ela e seus alunos uma corrente ao mesmo tempo afetiva e intelectual. Trata-se, para ela, de levar a criança a completar seu desenvolvimento moral e intelectual partindo dele mesmo, e não de uma solicitação exterior qualquer. Não é para dar prazer ao professor, nem para provar-lhe seu reconhecimento, nem para imitá-lo, que a criança deve procurar se desenvolver. É para si mesma, e não para outrem que ela deve se esforçar para melhorar.

Nesta perspectiva, a sra. C... fica no limite das relações intelectuais, mas lhes acrescenta um matiz afetivo, feito de bom humor e simplicidade, suficientemente discreto para não os incitar a se prenderem demasiado a ela. Sabe que o preço da modéstia é uma camaradagem desembaraçada de seu excesso de familiaridade. Voltando as costas para toda espécie de imperialismo, ela toma diante dos alunos uma atitude que, sempre humana e compreensiva, não oculta nenhuma intenção ofensiva, invasora ou dogmática. A sra. C... colabora sempre, como amiga esclarecida, com as crianças na sua educação e na busca da verdade. A maioria delas responde com toda a confiança ao seu apelo por um desejo de expansão pessoal, e pelo sentimento de sua própria liberdade, mas, algumas não reagem tão favoravelmente à atitude da sra. C...

Simone R... não aprecia a modéstia de sua mestra, que coloca abaixo dos professores. Para ela, a sra. C... é pouco capaz, pouco segura de si mesma e obscura no seu ensino. Simone está disposta a admirar apenas um outro professor, que adula seu gosto pelo artificial e pelo "brilho" mediante uma ostentação de conhecimentos notáveis. Simone mostra-se desdenhosa, depreciativa e irreverente em relação à sra. C... que não se ofende com isso e não procura reagir com castigos, notas baixas ou mesmo uma amizade redobrada. Ela se propõe apenas orientar Simone para uma idéia mais justa de si mesma e dos outros, utilizando esta arma privilegiada que é o senso de humor. Através de uma ironia benevolente parece dizer-lhe:

> Não se deixe seduzir pelos falsos brilhantes. Olhe em você mesma, como tento olhar em mim e em vocês. É para seu bem que finjo ser zombeteira, a fim de que tome consciência de certos ridículos.

Desse modo, estabelece-se entre ela e a aluna um combate amistoso, cujo prêmio é o livre desenvolvimento de Simone. Mas, esta é verdadeiramente rebelde a toda transformação interior. É muito sensível e se insurge contra certas observações que considera muito rudes. A sra. C..., um pouco desencorajada, acaba por responder à nascente hostilidade da aluna com a paciência e a tranqüila indiferença dos que esperam que um dia se produza, na recalcitrante mocinha, a centelha que desencadeie um relacionamento fecundo com sua professora.

3) Os casos de abnegação e renúncia

O sr. J..., diretor de uma escola primária, leva a troca com seus alunos ao limite extremo das possibilidades do educador. Põe-se diante deles como um exemplo vivo, não abstrato e impessoal, mas concreto e particular para cada um. É um exemplo de heroísmo e de coragem para a criança que sabe que é medrosa e hesitante; um exemplo de modéstia para aquele que se mostra muito orgulhoso; um exemplo de amor desinteressado para aquele no qual adivinha a cupidez. É ao mesmo tempo todos os exemplos e um único e insubstituível exemplo no interior do "par" que o coloca frente a frente com uma única criança. Ele pode adotar esta atitude porque nutre por seus alunos o amor mais completo, feito de abnegação e de esquecimento de si mesmo. Renunciando a toda satisfação material, dando seu tempo a seus alunos, mesmo depois das horas de aula, dedicando seus dias de descanso a acompanhá-los para conhecê-los melhor nas suas brincadeiras, na prática de esportes, nas excursões que procura tornar tão educativas quanto possível, renunciando a desempenhar um papel muito marcante na vida pública para não influenciar o pensamento das crianças, combatendo toda ambição pessoal que poderia levá-lo a desejar reviver espiritualmente nelas, não tem outro objetivo na vida senão dar-se inteiramente a elas. Neste estágio de generosidade e de amor autêntico, encontramos o verdadeiro apóstolo, o despertador de almas, inteiramente oposto ao mestre imperialista.

As reações de seus alunos exprimem, de uma forma mais ou menos matizada conforme os casos particulares, o respeito, a obediência voluntária, o constrangimento livremente aceito. Nenhuma rebeldia se manifesta contra este mestre, quando lhe acontece, às vezes, de prolongar um exercício além do horário prescrito, ou de pedir às crianças que venham à aula em um dia de descanso. Sabem que é exigente no trabalho, mas não ignoram que aquilo que ele lhes pede é ditado pelo mais puro devotamento.

O jovem Ahmed S... experimenta por seu professor uma viva afeição e sentimentos de reconhecimento que exterioriza mais claramente ainda, oferecendo-lhe flores quase que diariamente. Mas o sr. J... sente que Ahmed age por simples reconhecimento e que segue seu exemplo tomando-o como causa e fim de seu esforço, em vez de apoiar-se em alguma parte do seu próprio interior. O sr. J... reage contra esta tendência do aluno e ensina-lhe a se libertar dele. Vai mais longe ainda no caminho da renúncia, atenuando os liames de reconhecimento e de ternura que prendem a criança a ele. Com atitudes ríspidas e rudes, quase indiferentes, mas, não maldosas, ele se resigna a dar a Ahmed uma idéia falsa de sua pessoa, para que a criança não seja prejudicada no seu desenvolvimento intelectual pela afeição muito grande que lhe devota. O menino, a princípio um pouco surpreso com esta frieza do mestre, reencontra rapidamente seu equilíbrio e se direciona ativamente para o seu próprio interior.

Renato R... nos diz:

> Admiro-o e quero me comportar como ele. Quando faço uma má ação, sei que não me dirá nada, mas, sinto vergonha por mim e por ele. Quando alguém não age bem com ele, também tenho vergonha, como se estivesse em seu lugar...

Basta isto para mostrar como são importantes a admiração e a simpatia que esta criança experimenta por seu mestre. O amor do professor converteu-se em amor aos valores.

B) *A troca entre professor e aluno e a doação de si em seus aspectos gerais*

1) As diversas possibilidades de troca

Há, pois, mestres que são naturalmente contrários a toda pedagogia da assimilação, que pretende reduzir a criança ao adulto que recebeu a missão de dirigi-la. Não conhecem, assim, nenhuma das atitudes egocêntricas ou das manifestações imperialistas que examinamos. Interessando-se pela criança com solicitude e curiosidade inteligente, inclinam-se de bom grado para uma adaptação recíproca, para uma acomodação em uma dupla corrente de trocas acompanhada de interações que, sem cessar, modificam a ambos, sem que a criança se conforme a um modelo proposto pelo mestre. Para este, há duas maneiras de praticar esta troca: ele a realiza na sua forma intelectual e moral, que leva a educar na neutralidade afetiva, ou, na sua forma afetiva, que partindo da amizade culmina na doação de si, que é a mais bela forma de amor.

2) Posição do educador em uma troca de cima para baixo

Aqui os mestres dão prova de inteligência compreensiva e de autoridade benevolente que, quando é preciso, não excluem a firmeza. Não renunciam a seu poder de direção, mas, as ordens que dão não provêm de seu desejo de dominar, de sua fantasia ou de um despotismo arbitrário e sim, de uma conformidade com as aspirações da criança. Não são déspotas, mas, para retomar uma terminologia já empregada, soberanos esclarecidos que só têm um cuidado, o de ensinar a seus alunos a serem soberanos de si próprios. Assim como sua autoridade não é despotismo, sua indulgência não se parece em nada com a demagogia descrita nas manifestações imperialistas. As relações professor-aluno são do tipo das que se estabelecem entre um soberano esclarecido e generoso e um subordinado a liberar; cria-se, assim, um problema delicado em relação à camaradagem, pois, ela leva o professor a se colocar em um nível afetivo e intelectual diferente. Essa atitude implica, para o professor, uma dupla conseqüência.

Do ponto de vista pedagógico, ele se integra pura e simplesmente à equipe escolar e o ensino perde com a inevitável direção que exige, seu rigor e sua firmeza. Do ponto de vista afetivo, o professor renuncia a ostentar a superioridade que reclama o respeito mútuo entre mestre e alunos. Arrisca-se, mesmo, a não mais respeitar o aluno. É o que pode acontecer nas formas mórbidas e criminosas de uma camaradagem levada ao extremo e que, sob sua forma intelectual, sentimental e sensual, se converte na camaradagem amorosa do "par pederástico", indesculpável mesmo que a iniciação sexual se disfarce de iniciação moral à maneira do par socrático, no qual o mais velho se torna o guia do mais novo. Desse modo, a camaradagem, pela idéia que pode dar de uma pretensa igualdade de alunos e mestres não está isenta de perigos nem de graves perversões. Certamente, não se trata de uma superioridade artificial. Chegará um dia em que não ocorrerá ao espírito do educador mostrar que ele é superior aos alunos. Trabalhará no meio do grupo, como um aluno mais velho e mais experiente que os outros. É tudo. Nada de educador no seu pedestal. Nada de estrados. O herdeiro do velho *magister* guindado às alturas e onisciente de outrora dará lugar ao chefe de equipe.

Quando olhamos a antiga estampa que nos apresenta um professor tendo atrás de sua escrivaninha um canapé bem estofado, não podemos deixar de rir. Hoje as coisas evoluíram, mas não devem parar na imagem atual do educador, que também causará risos daqui a cinqüenta anos, quando o visualizararmos sentado à sua mesa, dominando os alunos do alto de sua cátedra. Suprimiu-se o canapé. Muito bem. Mas, falta ainda suprimir muitas coisas para que o professor viva entre os alunos, a fim de conhecê-los melhor e se fazer conhecer melhor, tendo em vista um relacionamento harmonioso e fecundo no plano afetivo. Trata-se, em definitivo, da superioridade própria do chefe de equipe, daquele que detém certos valores e tem experiência deles. Nestas condições é que se estabelece uma troca de cima para baixo, do homem para a criança, para levá-lo ao estado de homem e erguê-lo ao nível do educador, que poderá ser seu companheiro quando seu desenvolvimento estiver terminado. O companheirismo do professor não pode ser, pois, mais que uma promessa de camaradagem ou uma camaradagem diferenciada.

3) A posição do aluno e sua ascensão para o professor

a) As reações de obediência

Ao aluno não se pede a obediência rígida e passiva à qual o constrange o desejo de dominação de um mestre tirânico, mas, a vontade de se submeter a uma ordem que ultrapassa, ao mesmo tempo, o mestre e o aluno. No primeiro caso, a obediência é uma atitude imposta que oculta um desejo de revolta, que terá livre curso na primeira ocasião favorável sob a forma de "baderna", de distração no trabalho, de recusa dos valores ensinados quando se tornar necessário colocá-los em prática fora da classe. No segundo caso, é uma reação profunda que se apresenta como a obediência a si mesmo.

b) As reações do respeito e admiração

A criança é, então, capaz de se autodisciplinar e de olhar o exemplo vivo que o mestre lhe propõe para experimentar por ele um profundo respeito e uma real admiração. Não é a admiração artificial que suscitam os mestres imperialistas, desejosos de se fazer admirar, mas, uma admiração mais fecunda. A primeira deixa a pessoa passiva diante de algo que a deslumbra e a seduz; a segunda a convida a sair de si mesmo para descobrir a seu redor uma nova fonte de admiração e respeito. Assim como a obediência ao professor transforma-se em obediência a si mesmo, o respeito e a admiração pelo mestre se desdobram em respeito e admiração por si mesmo. O apelo que o mestre dirige ao aluno é semelhante àquele do santo e do herói de que nos fala Bergson. Não se trata de reduzir a criança a si por intermédio de uma posição filosófica, como vimos nos casos de imperialismo, mas, de fazer uma criança partir de seu estado atual para um "cume" que será o seu e não o do professor.

A criança pode não estar sempre animada pelo mesmo respeito admirativo e pelo mesmo entusiasmo pelo professor, que poderá constatar algumas reações de indiferença, de desrespeito ou de zombaria em alguns refratários ao exemplo dado. O professor deve levar isso em conta, para imprimir à relação educativa uma nova orientação a partir de um exemplo que deve ser retificado e melhor adequado às condições particulares da criança. Neste domínio, o verdadeiro condutor do jogo é sempre o professor.

c) As reações de simpatia

Por outro lado, quando a admiração não basta para orientar as reações da criança numa direção favorável, pode-se recorrer a esta outra fonte de desenvolvimento na vida do "par educativo" que é a simpatia. Mas, há duas espécies de simpatia, como há dois tipos de admiração. Há a simpatia por um professor que se mostra amável, atraente, um pouco demagogo e que desperta no aluno simples atitudes de imitação. Há uma outra simpatia, mais profunda, por um professor que vive verdadeiramente os valores que ensina e que leva o aluno a se erguer acima de si mesmo. A virtude da simpatia o leva a aceitar os valores que o mestre personifica a seus olhos. Um professor primário nos escreveu:

> A simpatia por um professor representou um grande papel na minha vida. Trata-se de meu professor de filosofia, um homem de seus quarenta anos, que acabava de perder sua mulher. Creio que o espetáculo desta dor foi, para mim, um verdadeiro choque. Este homem só se apoiava em seus

valores. Estou certo de que ele tinha pressa, pela manhã, de encontrar seus alunos para poder falar, para se abrir; não que nos falasse de sua mulher, mas, tudo o que dizia sobre moral e psicologia transpirava essa ausência brutal e inaceitada. Parecia dizer tudo em função dela. Quando estudamos a família, ele quase gaguejava e o mal-estar por se sentir "compreendido" por alguns alunos o fez deixar a sala. Ao voltar, no fim de alguns instantes, ele se desculpou. Lembro-me de ter me levantado e ter dito espontaneamente: "Mas não, por quê?..." e de ter me sentado de novo, sem ter achado mais nada para dizer. E lembro-me do olhar que ele me dirigiu, um olhar embaraçado, mas, reconhecido. Creio que esta cena me marcou profundamente. Se trabalhei bem na aula de filosofia, foi por causa disso. Creio que esta imagem é minha raiz moral. Nascido de uma "simpatia", deveria dizer de uma "intuição", meu ideal se ampliou sem cessar.

Reconhecemos, no entanto, que as reações do aluno não são sempre tão favoráveis e que alguns alunos, diante de uma atitude inesperada, perdem pé e experimentam perante o professor uma surda hostilidade. Alguns deles não manterão sempre sua animosidade contra o professor; mais tarde uma transformação afetiva poderá nascer neles, no sentido de uma simpatia tardia. É esta mudança de atitude afetiva que os professores podem constatar quando seus alunos, já saídos da escola, prodigalizam-lhe demonstrações de afeição e confiança. Muitos poderiam fazer suas as palavras de um professor que nos disse:

> Tendo trabalhado durante doze anos em todos os cursos de uma escola mista, recebo todo ano, a primeiro de janeiro, provas de afeição e de confiança que me são infinitamente preciosas, principalmente quando vêm de alunos que eu acreditara hostis ou indiferentes e cuja escolaridade tinha sido apenas uma seqüência de sanções sempre justificadas.

Estes adultos, antes constrangidos e reticentes, fazem agora outra idéia de seu mestre, que os punia muito freqüentemente e que lhes parecia tão exigente, e têm uma impressão favorável quando compreendem que ele agia assim só para seu bem. Alguns adultos experimentam bruscamente o choque desta transformação ao rever o velho mestre cuja voz reflete, apesar dos acentos hesitantes da velhice, a mesma coragem indômita, o mesmo espírito crítico, a mesma fé no homem. Este alento de amor que toca o antigo aluno lhe dá força para retomar o mesmo combate consigo mesmo e para vencer em si tudo o que não é humano. Afinal, chegou o dia em que nasce esta verdadeira "simpatia" criadora que não havia podido surgir durante a vida escolar.

Deve-se, no entanto, considerar que, em certos casos, a simpatia e a admiração que nascem em alguns alunos durante ou após a escolaridade, estão ausentes em outros, em relação ao mesmo mestre, talvez porque este não tivesse sabido tomar, perante eles, a atitude que teria podido desencadear reações favoráveis. Por isso, torna-se necessário considerar as possibilidades de uma formação mais decisiva do mestre em vista do que poderíamos chamar o "par educativo" ideal.

CAPÍTULO SÉTIMO

Para uma higiene afetiva do educador: o "Par educativo" ideal

É sobretudo o mestre que pode, mudando de atitude, provocar um aperfeiçoamento da relação afetiva. Toda pedagogia desta relação leva, pois, em última análise, a uma formação do mestre que se preocupe, principalmente, com o aspecto afetivo. É preciso primeiro, pedir ao mestre que lute contra a tendência de considerar os alunos como abstrações ou nomes inscritos no livro de matrículas. É preciso, também, resistir à mania de classificá-los, em definitivo, neste ou naquele grupo, negando-lhes suas possibilidades de mudança.

Esta atitude, embora prejudicial, pode, no entanto, ser compreendida. Para poder atuar sobre o aluno, é-se levado a transformá-lo para si (*pour soi,* na expressão de Sartre) em não-existente, em objeto para o qual podemos prever um nome, um rótulo, que nos permitirá classificá-lo em uma série possível, a fim de escolher em toda uma gama de reações adequadas e previsíveis, a mais conveniente. Ter-se-á assim, diante de si, "Pedro, o malvado", "João, o preguiçoso", "André, o bom aluno", "Jaime, o débil mental". Para cada um destes casos, a experiência que se adquiriu com alunos colocados em situações que parecem análogas, indica o que é preciso fazer. Age-se como se se propusesse fixar o desenvolvimento do aluno, ao qual se nega toda liberdade, no momento mesmo em que se procede a esta classificação. Estabelece-se a essência, para facilitar a ação, quando, na realidade, esta essência não pode se revelar senão ao término da existência escolar do aluno. Da mesma forma, o aluno, para adaptar sua atitude às possibilidades de reação do mestre, tem necessidade de vê-lo através desta ou daquela imagem geral, determinando seu comportamento escolar em função das classificações de "mestre severo", "mau" ou "indulgente".

Produz-se assim, numa classe, entre mestre e alunos, uma verdadeira "rotulação", onde cada um tenta transformar o outro em objeto. Mas, ao mesmo tempo, cada um, tanto o professor quanto o aluno, fará tudo o que puder para escapar às classificações repressoras nas quais o outro pretenda encerrá-lo. Aquele que é chamado de "moleirão" reagirá para mostrar ao mestre que está errado, seja se comportando de modo ainda mais estúpido e mais preguiçoso, a fim de provar-lhe que se enganou de nível ao avaliá-lo, seja pondo-se a trabalhar como um aluno aplicado. O mestre que passa por "mau" aos olhos das crianças e que sabe o que elas pensam dele, será ainda mais "mau", redobrando sua severidade, ou se empenhará em dar provas de uma indulgência excessiva, ou ainda, explicará aos alunos as razões que o levam a ser severo no interesse deles, isto é, no fundo, a ser bom. Tudo se passa como se cada um se opusesse ao rótulo que lhe dão e que lhes parece uma limitação da liberdade que sente em si. O professor pensará ou dirá: "Não, no fundo não sou o que vocês pensam. Não sou mau", assim como o "moleirão" que não fará mais que repetir, olhando o professor nos olhos: "Não, não sou um 'moleirão'. Sei disso". Assim, a presença de uma provoca no outro uma atitude de oposição ou de negação. Transpondo a fórmula de Sartre, pode-se dizer que a consciência surge na classe como um "não", e é como um "não" que o aluno apreende primeiro o professor, e vice-versa, do mesmo modo como o prisioneiro que quer fugir apreende o guarda que o vigia. Recusando-se a se deixar rotular pelo outro como uma coisa, cada um, mestre e aluno, no interior do "par educativo", tenta se livrar da dominação recíproca. Assim, um conflito permanente, onde as liberdades pessoais se defrontam para se destruir, acompanha as operações de "rotulação" que cada um faz no âmbito de sua ação escolar. Essa nos parece ser a oposição inicial.

Dado este ponto de partida, todas as direções se tornam possíveis. Não nos cabe senão escolher a melhor.

Uma delas aponta para o caso limite de um fracasso educativo que se traduz pela supressão completa da liberdade do aluno. Tentar-se-á, por exemplo, em virtude de um "amor capcioso" fixar o outro no julgamento que se fez dele, obrigando o aluno, do qual se exige provas de reconhecimento e ternura, a permanecer fiel à imagem segundo a qual se decidiu representá-lo. Este amor do mestre, nesta perspectiva, é necessariamente uma luta contra a transformação do aluno. Marie Pascal, no romance de Jeanne Galzy, não fazia outra coisa. O pastor da *La Symphonie Pastorale* que queria manter Gertrudes como a jovem que desejava que fosse, agia da mesma forma.

Notemos que esta imagem pode ser construída para que o educador veja nela o reflexo de si próprio. Esse mestre, ao se projetar sobre o aluno, procura aí se ver como em um espelho, o que é para ela uma ocasião de se conhecer, afinal, objetivamente. Sabemos que não pode fazê-lo no interior de si mesmo, que esta operação só se completa com a produção de um duplo, que se separa do ser e se desvanece sob o olhar da consciência. Mas, se este duplo de si é projetado sobre o aluno, consegue fixá-lo e perder o sentimento desesperador da fuga de seu ser quando aparece a luz dissolvente da consciência.

É assim que o educador vai projetar sobre um ou vários de seus alunos certos traços de sua inteligência; a seus olhos, as crianças aparecerão com uma inteligência diferente das que têm. Evidentemente, esta projeção não estabelece nenhuma comunicação entre o aluno e o educador; ela impede a compreensão e não passa de uma justificativa do educador diante de si mesmo. Nossas observações nos revelaram alguns destes mestres, cujo ideal, em matéria de educação, se reduz a debuxar o aluno sobre o modelo que trazem em si, para que esta criança, réplica deles mesmos, experimente os mesmos sentimentos e partilhe as mesmas idéias. Em caso de fracasso, o mestre fará sobre o aluno a projeção contrária, que consistirá em aplicar-lhe suas aversões e contradições, de modo a vê-lo como um retardado ou um degenerado.

Pode ser que o educador não consiga absorver o aluno, qualquer que seja o meio empregado, "amor capcioso" ou desejo de substituir, na criança, a imagem-reflexo de sua personalidade. Neste caso, ele tenta superar este fracasso de duas maneiras: primeiro, suprimindo sua própria liberdade, fazendo-se objeto diante do aluno e aceitando as humilhações que poderão vir dele, como se aceitasse deixar-se suprimir pelos alunos. O velho professor que, cansado da "baderna" e da rebelião constante de seus alunos, aceita ficar de guarda para ocultar à vigilância do diretor os alunos que jogam baralho na sala de aula, chegou a este ponto, como aquele outro que, impotente para modificar o julgamento dos alunos que o transformaram, de uma vez por todas, em "professor que deixa fazer bagunça", acaba caindo na indiferença. Não pedem outra coisa que estabilizar-se na classificação em que são mantidos pelos alunos. Podemos ver esses professores, oferecendo-se, eles próprios, aos sarcasmos de seus alunos. Fiéis ao que os alunos esperam deles todo dia, serão os primeiros a desencadear a desordem que esperam em segredo. Observou-se certo mestre, freqüentemente "bagunçável", maravilhar-se com o incomum silêncio de uma classe e dizer: "O que mudou hoje? Como é que estão tão calmos? O que é que vocês estão aprontando?" O sinal de desordem está inconscientemente dado pela própria vítima e a efervescência se torna geral.

A outra forma de disfarçar o fracasso da redução do aluno a si pelo amor, leva a uma abdicação ainda mais grave. Consiste em transformar o aluno em objeto por meio de humilhações forçadas, de vexames mais ou menos injustos, de violência. Tais são as diferentes etapas do caminho percorrido pelo educador que, a partir do conflito inicial de dois seres em situação, tomou a direção errada.

Voltemos ao ponto de partida para tentar percorrer uma outra direção. Procuremos encarar a inevitável luta existencial sob seu aspecto mais favorável, quer dizer, mais apropriado para facilitar o desenvolvimento do aluno.

A paz mais fecunda e verdadeiramente educativa não é a que se estabelece após este primeiro embate, mas a que se segue a uma luta prolongada, tão viril quanto possível, com a condição de que seja honesta.

Se o professor resolve de uma forma satisfatória o difícil problema da educação, que se acha sempre mais ou menos envolvido pelo imperialismo que todo indivíduo, mesmo o educador, traz consigo, pode chegar a uma troca harmoniosa com o aluno. Para isso, deve desembaraçar-se do egocentrismo que se oculta muitas vezes debaixo das melhores intenções; impedir-se de buscar a afirmação, a dominação ou de satisfazer os complexos que poderiam encontrar na criança possibilidades de compensação; evitar de envolver o aluno em uma calorosa atmosfera afetiva. Não esqueçamos que o aluno superprotegido torna-se débil e incapaz de fazer um esforço sobre si mesmo, e de se adaptar a situações rudes; além disso, em virtude de um egocentrismo que se tornou imperioso, está sempre pronto a manifestar exigências reivindicatórias das mais variadas e a se revoltar quando elas não são satisfeitas. Não adotemos também uma atitude muito severa, pois o aluno, sob o efeito do ressentimento pode manifestar reações de hostilidade tão reivindicatórias quanto as que apresenta o aluno mimado.

É com uma atitude intermediária entre a afeição e a severidade que o educador, no seu envolvimento afetivo com a criança, pode chegar a uma paz harmoniosa. Para tanto, é preciso que dê a impressão de sair de si mesmo graças à sua aptidão para se abrir ao aluno.

Para retomar uma imagem muito utilizada, podemos representar a "abertura à criança" por uma mão que se abre, enquanto que o desejo de apropriar-se dela, ou de reduzi-la a si será concretizado por uma mão fechada, numa expressão de avareza. Esta "abertura ao aluno", à medida que o deixe verdadeiramente intacto, permite-lhe sair de si no momento de afrontar seu mestre, para poder voltar-se para si, para um desenvolvimento interior, no momento em que o "par" educador-aluno conheça, enfim, a harmonia que deixa cada um em completa liberdade...

Da luta ao acordo final, a criança pode passar pela fase da admiração e da adesão plena, quando se trata de um educador que se apresenta como um herói e um santo e que o faz ouvir o chamado das alturas. Também neste caso, não se tratará de uma questão de alienação da liberdade. Diante do herói, como diante de todo educador, a criança tem um tempo de hesitação, depois adere ao exemplo heróico que lhe é proposto, não para se renunciar no herói, pois não se trata de segui-lo servilmente, mas para se afirmar e se superar num heroísmo que será verdadeiramente seu. Este é o sentido que Bergson dá às relações concretas entre o herói e a criança. Esta não dá sua adesão ao heroísmo proposto, para responder a um apelo exterior. Este apelo surge do mais profundo de si mesma. O herói não é mais que o pretexto. De qualquer modo, o chamado não ocorre sem o prelúdio, mais ou menos doloroso, de um conflito do ser consigo mesmo e do ser com o herói que mostra um caminho difícil, diante do qual a hesitação inicial é, afinal, natural. Pode-se dizer que mesmo no caso em que o educador é um herói exemplar, a vida do "par" excepcional que ele engendra não exclui todo conflito.

De modo geral, poderíamos dizer que esta luta existe também no interior de todas as relações humanas. Montherlant não afirmou que o amor na relação homem-mulher, não é no fundo, mais que uma forma de guerra em torno da redução do outro a si, ou de uma adaptação recíproca? Não tentou transpor a vida deste "par" de uma forma concreta no interior da arena tauromáquica? (1) Ele não é o único romancista a afirmar que a coexistência de dois seres supõe inevitavelmente um conflito; podemos, neste aspecto, citar Roger Martin du Gard, Marcel Arland, Malraux e tantos outros.

Mas, para os escritores que estudam o "par" homem-mulher em suas relações concretas, as coisas não se passam da mesma forma que no "par" educador-aluno. De modo geral vêem naquele três momentos: de início uma profunda atração, com um violento desejo de aproximação; depois, uma tentativa de adaptação, com todos os conflitos que ela comporta; e enfim, uma ruptura definitiva. É verdade que na vida comum a conclusão da fase de adaptação é menos patética e leva, freqüentemente, a um amor pacífico, compreensivo e benevolente, onde cada um dos parceiros consente em se aceitar.

Quanto ao "par" educador-aluno, tentamos mostrar que a evolução de suas relações é diferente. Relembremos os dois processos. Começa-se por um momento de oposição. Daí, o educador pode chegar a uma apropriação do aluno, que consente em alienar sua liberdade, ou que se revolta, à medida que aceita ou não dobrar-se à pretensão do educador. Ou então, se este dá prova de benevolência e de compreensão, o "par" pode passar da luta inicial e um acordo harmonioso no qual a criança reencontra uma liberdade fecunda. Deve-se notar que a evolução das relações existenciais do "par educativo" que, retomando a expressão cara a E. Mounier, poderíamos agrupar sob o nome de *dramática da educação,* deixa uma certa liberdade ao educador que pode orientá-las em um sentido ou outro, e o campo livre para uma formação afetiva do educador.

O problema sentimental que se coloca para cada educador, é o de encontrar em si mesmo as condições de um amor autêntico.

Como nos convida Hubert, é necessário encontrar um equilíbrio entre o amor concreto para a criança tal qual é e o amor abstrato para o ser realizado que será, entre uma ternura muito indulgente e uma afeição atormentada que pune a menor falta. É preciso que a criança compreenda que o mestre a ama, sem dúvida, mas com a vontade de fazê-la sair de si, como se lhe dissesse: "Eu amo você e vim até você para libertá-lo e não para prendê-lo à sua infância".

Na busca de uma expressão de amor feita de equilíbrio e compreensão, a meio caminho entre a severidade e a indulgência, o educador deve cuidar para que seu comportamento responda às seguintes condições: deve dar provas de senso de humor, deve manifestar um amor ao mesmo tempo pessoal e impessoal, deve ser a própria imagem da renúncia e deve adaptar-se à idade, à psicologia e à evolução de cada aluno.

Vejamos primeiro o senso de humor, cujo elogio, no plano escolar, é desnecessário fazer desde o estudo de Wendler e Kerschensteiner, em *Die Erziehung in Lichte des Humors.* (2) O professor poderá se manter ao nível de uma ironia afetuosa ou amistosa, dando prova de uma espirituosidade bem compreendida, capaz de levar o corretivo necessário a uma presença que poderia provocar uma sujeição da criança. Esta ironia, à medida que não é maldosa, cria uma atmosfera alegre na classe. Mostra à criança que o professor sabe ficar no seu lugar para julgar e apreciar os atos de cada um. Ironizar alguém, sem maldade, é um traço de independência afetiva que não exclui, absolutamente, uma amizade franca, mesmo que seja um pouco ríspida. Por outro lado, a ironia age sobre o aluno como um repulsivo, convidando-o a dar provas de espírito crítico perante si mesmo, com vista ao desenvolvimento de sua personalidade. O senso de humor se acha, assim, colocado entre um amor muito exteriorizado e uma severidade brutal. Não fixa a criança em uma ternura reconhecida ou em um medo paralisante. Ao contrário, obriga-a a fazer um esforço sobre si mesma.

Encontramos um velho professor que empregava métodos antiquados, oferecendo um ensino às vezes livresco. Falava de um modo um pouco ríspido, dando familiarmente aos alunos nomes inesperados. Não os chamava diretamente por seu sobrenome... era para ele muito impessoal. Não ousava pronunciar seu prenome: isto seria carinhoso demais. Certamente a escola não era para ele uma escola de ternura nem de aprendizagem de galanteios. Era um homem rude, que chamava as crianças ora por "cidadão tal", ora por "professor tal", palavras que tinham para elas mil nuances de ironia, de espirituosidade, de zombaria familiar e que as obrigava a sair de seu torpor. Treinava os alunos na realização de duras tarefas, exigindo-lhes, impiedosamente, esforços repetidos que tinha o direito de solicitar, pois, lhes dava o exemplo de um trabalho tenaz e consagrava toda sua vida à escola. Ensinava mal, certamente, mas era um despertador de energias, um estimulador intelectual, com sua forma vigorosa de ensinar seus alunos, zombando um pouco deles. Ao contrário, a professora sempre pronta a empregar palavras muito ternas, não fazia, pelo amor muito direto que exprimia, senão atrair uma criança a ponto de fazê-la perder toda a liberdade e toda a iniciativa.

Notemos que este senso de humor deve ser dosado conforme a idade e o sexo do aluno. É uma forma de ironia que não atingiria sua finalidade com meninas que, de natureza mais sensível, correm o risco de não ter força de caráter suficiente para aceitar uma linguagem um tanto escarnecedora. Mais amorosas que os meninos, "gostam de amar" e querem apenas responder ao amor de sua professora com um amor correspondente. Esta tem, evidentemente, o dever de levar em consideração esta sensibilidade.

No que concerne à idade dos alunos, convém também ser prudente com as crianças de 6 a 8 anos, ainda próximas das ternuras maternais e para as quais é necessário um esforço de adaptação progressiva. Não seria uma boa medida começar, de repente, a arreliá-las com ironias, mesmo bem entendidas, para convidá-las ao trabalho.

Talvez seja preciso adotar uma atitude sentimental variável segundo um processo que consiste em mostrar, após a atitude reservada do primeiro contato, um amor afetuoso, para passar em seguida, progressivamente, para um amor oculto sob a forma de uma neutralidade benevolente. De início, o primeiro contato do mestre com seu jovem aluno se situa em uma atmosfera de indiferença, onde cada um se fecha em si mesmo. O jovem que chega à escola não está especialmente inclinado a amar seu mestre que, para ele, é o representante de um meio que não lhe é natural. O professor, com sua reserva, tende a mostrar que, de fato, este meio é diferente do meio familiar, e que a sala de aula é o templo do trabalho, do esforço, da vontade. Neste primeiro encontro são, portanto, dois blocos de indiferença que estão frente a frente, mas, enquanto a indiferença é consciente e desejada no primeiro, é apenas sentida no segundo. A atitude de retraimento não tem o mesmo significado, nem a mesma direção; no mestre ela é dinâmica e tende para a ação a ser empreendida no plano afetivo do aluno. Na criança, ao contrário, é geradora de uma ação em sentido inverso, para atitudes de fuga e retraimento ainda mais acentuadas. O mestre, então, saindo da reserva que se impôs, lança a seu aluno um apelo afetuoso, cheio de confiança e de amor, semelhante ao apelo paternal:

> Vem comigo, meu filho. Eu te amo, meu aluno. Ama-me como eu te amo. Vieste aqui para uma tarefa penosa, mas, te ajudarei. Perdôo-te antecipadamente todas as faltas e te ensinarei a superá-las. Tu te afastarás, às vezes, do caminho comum, e irei buscar-te sempre com doçura...

Esta exteriorização do mestre provoca, na criança, um primeiro choque afetivo, uma surpresa inquietante. "Por que este homem fala como minha mãe? Porque me ama tanto?", se pergunta. O apelo, contínuo em seus acentos insinuantes e tangíveis de afeição, acaba por forçar as portas do pequeno coração indiferente, quase rebelde. As duas afeições se encontram partilhadas numa colaboração leal e ativa da criança que ama sua tarefa. É a época do curso preparatório, e do curso elementar (6 a 9 anos), quando o menino experimenta por seu mestre ou sua mestra uma verdadeira paixão. Em casa, só fala dele, não se ouve outra coisa além de: "Meu professor falou isso... Meu professor fez isso", a tal ponto que os próprios pais desaparecem diante da imagem do mestre... Mas, este, prosseguindo neste diálogo sentimental, arrisca, já o vimos, entravar o desenvolvimento da criança. Deve, pois, após ter saído de si, interromper esta exteriorização para voltar a si, na sua reserva de educador neutro. Neste momento será preciso ocultar este amor sob uma linguagem ao mesmo tempo familiar e firme, algumas vezes distante, ou sob a espirituosidade da qual falamos. Começará o mestre por atenuar a afeição particular que havia mostrado à criança, englobando-a na afeição geral que tem por toda a classe e mostrando que não se faz nenhuma diferença entre os alunos. É, em suma, o caminho inverso de L'Initiatrice aux mains vides,(3) que, tendo partido de um amor por toda a classe, chegou ao amor por uma única menina. Constatando que os laços que a unem ao mestre já não têm o mesmo caráter de intimidade, a criança sofre um novo choque afetivo que gera perturbação e incerteza, das quais sai bem depressa.

É neste momento das relações afetivas do "par" educador-aluno, quando este último atinge o curso médio, aos 9 anos aproximadamente, que devemos chegar a um amor realmente impessoal. Diante de cada aluno, o professor adotará uma atitude que engendrará nela o sentimento obscuro de não ser escolhido de uma forma exclusiva, mas de ser amado ao mesmo tempo que seus colegas. Quando for preciso, o mestre adotará até mesmo uma aparente indiferença para melhor desprender de si certas crianças afetuosas. Não o fará sempre com alegria. Para ele também, estas "retiradas" do coração são dolorosas, mas sabe que deve fazê-lo. Apenas perceba que seu coração de educador se abala com um tom falsamente rude, com zombarias sem maldade que destaquem certas esquisitices, fará o esforço correspondente para recobrar-se. A criança acaba por adivinhar as intenções do mestre e ouve a voz amiga que lhe diz no fundo de seu coração:

> Meu aluno, laços afetuosos nos uniam. É preciso cortá-los. É preciso fazê-lo pela tua liberdade. Chegou a hora em que não devemos mais ficar juntos. Deixa-me. Agora estás bem forte para caminhar sozinho e buscar por si mesmo teu verdadeiro caminho. Se tomares um caminho para me agradar e me provar teu amor reconhecido, vais te perder. Se tomares um caminho semelhante ao que me é familiar, porque acreditas que nunca me engano, também te perderás. Se tomares um outro oposto ao meu, porque esta ruptura te causa despeito, enganar-te-ás definitivamente. Não, compreende-me: é preciso que vás sozinho no teu caminho, um caminho verdadeiramente teu. Quanto a mim, deixa-me voltar ao início de meu caminho, lançar o mesmo apelo de amor àqueles que um dia deverão se libertar de mim.

O aluno compreende, então, que o chamado afetuoso do mestre que o tocara no início de sua vida escolar, deve se tornar, agora, interior. O amor pelo mestre deve se transformar em um amor derivado para si mesmo, para o que poderia ser. A criança terá a vontade tenaz de chegar a esta fase que exige coragem e autodomínio.

Esta forma de amor para com o aluno torna-se, então, a própria imagem da renúncia. O futuro mestre deve compenetrar-se desta idéia. Não poderá mostrar aos alunos o caminho do esforço a não ser que consista em segui-los por toda parte, até o ponto de encarregar-se da organização de seus lazeres, a fim de subtraí-los a todas as causas de perversão que poderiam destruir o que seu amor generoso construiu dia após dia. Se calcular o tempo durante o qual, no decorrer de um ano escolar, a criança fica regularmente sob sua vigilância, comprovará que são apenas seis horas ou seja, um quarto do dia. Descontando os numerosos dias de descanso, verifica que a criança fica com seu mestre apenas durante um tempo que representa a décima parte de sua vida anual. O resto do tempo a criança

101

recebe o apelo da rua, e que apelo! Depois, o do cinema ou das revistas, onde é destruído a cada página. O dever do mestre é ir procurá-la fora das horas de aula, para se ocupar dela. Assim, o educador estará no caminho que o fará sacrificar toda sua vida às obras de infância. Não terá mais tempo para se ocupar de seus próprios negócios e renunciará a certas ambições políticas, literárias ou outras. Ficará confinado nesta tarefa obscura da educação, desconhecido e vítima das ingratidões de uns e outros. Não tem importância! Não trabalha para ser recompensado pela criança ou pelos seus pais. Os educadores que vão até ao fim de sua renúncia são mais numerosos do que se pode imaginar. Conhecemos alguns que continuam, infatigavelmente, sua obra de amor perfeitamente desinteressada, que se devotam nas distantes cidadezinhas da União Francesa, velando pela boa harmonia de homens, raças e religiões diferentes, preocupando-se com a prosperidade de sua escola, transformando-se, às vezes, em jardineiro, no jardim escolar, em artesão, na escola--oficina, em médico, para tratar os tracomas e instilar, todas as manhãs, algumas gotas nos olhos doentes. São verdadeiros santos leigos. Deram todo seu amor, sabendo bem que deviam renunciar a solicitar o de seus alunos, como aqueles que ficaram sem lar, para melhor se dedicarem a eles, que não trabalharam nem para serem amados por eles, nem para seu reconhecimento. Devem se achar muito sozinhos no final de sua carreira, e na solidão de sua velhice, as mãos vazias e o coração despojado de sua substância, podem dizer como o poeta: "O único bem que me fica é ter doado tudo".

    Tal é o amor feito de renúncia que seria preciso ensinar aos alunos-mestres. Esta aprendizagem não pode ser feita senão no contato com as crianças, com as quais nossos futuros mestres deveriam viver mais envolvidos, para poder fazer a experiência de uma "inteligente generosidade". Dessa forma, a tarefa mais urgente da higiene afetiva do educador é preservar o contato com a criança. Ao sair da Escola Normal, jovem ele também, o professor se sentia próximo das crianças. Ele as compreendia; agora, já maduro, as crianças o molestam. Prefere conhecê-las de fora, sem se misturar nem viver com elas. Há alguns anos, um velho professor, nas vésperas de sua aposentadoria, nos confiava tristemente:

> Tive confiança nos jovens. Agora acabou. É preciso constatar o fracasso de nossa educação. Os jovens não têm mais entusiasmo e pensam apenas no vício. Leiam os jornais. Vejam todos estes romances, que nos apresentam jovens desequilibrados, obscuros e prontos a tudo, sobre os quais tudo resvala e para os quais nada tem importância. Todos estes personagens nos confessam, aliás, com uma sinceridade perturbadora, que têm o sentimento da inutilidade de

sua vida, que experimentam como que uma espécie de vocação para a infelicidade, que estão enfastiados de tudo e que experimentam a necessidade de destruir algo. Aspiram ao sórdido como por uma libertação e ouvem o apelo das trevas e do suicídio moral. Obermann era apenas um melancólico. O herói de *La saison en enfer* não estava tão longe de responder ao apelo da pureza. Os jovens de hoje, mesmo que tenham a qualidade de Meursault no *L'etranger,* nos espantam mais que as criações de Senancour e de Rimbaud que, examinando-se bem, parecem ainda seres sobre os quais a educação pode agir.

E o velho mestre terminava melancolicamente:

Como os tempos mudaram... No meu tempo, comportava-se melhor.

Pode-se dizer que este professor não fez nenhum esforço de higiene afetiva. Se quiséssemos apontar, com a ajuda de seu depoimento, todos os seus desvios, poderíamos destacar primeiro, que ele julga os jovens conforme a imagem que tinha de si mesmo quando estava na Escola Normal. Não soube evoluir com seu tempo para se colocar no lugar do jovem que hoje tem diante de si. Se despreza os jovens, é porque tem saudades de sua própria juventude. Daí para a acusação de inveja, não há senão um passo. É-lhe necessário depreciar, por despeito, nos outros, esta juventude que não reencontrará jamais. Além disso, por falta de coragem, por medo do ridículo, por preguiça de espírito e de coração, ele se recusa a freqüentar os jovens, a viver sua vida. É por isso que os conhece de fora, ficando tranqüilamente na sua biblioteca, bem acomodado numa poltrona, a adivinhá-los através de jornais e de livros.

Podemos assim verificar que, quanto mais o educador envelhece na carreira, mais ele está ameaçado de uma esclerose sentimental que o impede de se renovar. Incapaz de se adaptar à realidade viva e instável, corre o risco de dar provas, perante os jovens, de uma falta de compreensão, de uma injustiça que o impelem a se tornar solidário com os adultos e a tomar o partido da sociedade contra a juventude, que a seus olhos, representa um elemento de perturbação. Está todo impregnado de um sentimento de superioridade que só tende a aumentar com a idade. As relações entre o educador e o adolescente se orientam, então, para a hostilidade e para uma agressividade cada vez mais acentuada. Quanto mais o adulto despreza o jovem, mais este último reage com vigor, distinguindo-se por sua atitude de negação. Frente ao adulto que não o compreende, o adolescente diz "não" à sua moral, "não" à sua experiência. Exagerando mesmo sua atitude de oposição, busca o escândalo, acusando o adulto, mais ou menos injustamente, de traição e comprometimento. Seus propósitos desabusados e sua atitude agressiva não são senão uma espécie de movimento de defesa contra os costumes que o chocam. Por reação, chega até a estragar sua vida, de propósito, para "aborrecer" os que pretendem moralizá-lo.

Ao contrário, esta oposição desaparecerá se o adulto consentir em descer de seu pedestal e abandonar seu conforto para caminhar um pouco com os jovens. Reconhecemos que esta experiência não é fácil. Não abordamos os jovens como se representássemos a perfeição moral e intelectual. Eles se sentem, pelo contrário, bem mais próximos quando descobrem, em nós, esta espécie de inquietação dos seres que não se julgam perfeitos e que buscam seu caminho com lucidez e simplicidade. O grande erro é se aproximar dos jovens para viver com eles, mostrando-lhes uma atitude predicante e moralista que, incansavelmente nos leva a repetir: "É preciso fazer isso, é preciso fazer aquilo; olhe para mim, faça como eu", tudo isso acompanhado de mil preceitos morais. Eles, então, perdem imediatamente a confiança. Rapidamente nos desmascaram com sua intuição, sua sutileza extraordinária, sua acuidade psicológica que põem a descoberto nossa hipocrisia. Bem depressa passam a ver seu professor de moral como um homem como os outros, um homem entre tantos outros. Sabem, muito bem, que há uma distância muito grande entre os discursos e os atos, que os professores de moral não estão sempre ao nível de suas palavras. Pede-se-lhes que vivam em função do ideal que imaginam, mas sabem muito bem que aqueles que lho pedem acabam, no fundo de sua consciência, pensando como vivem. Vamos viver com eles nos acampamentos, partilhando sua vida cotidiana, suas discussões, seus jogos, seus prazeres, para ter a possibilidade de conhecê-los melhor.

Este conhecimento jamais será definitivo e acabado e necessita de uma renovação constante em cada uma das etapas da vida educativa. Deve ser revisto freqüentemente, à medida que o educador envelhece e que as crianças deixam seus lugares para outras. É aqui, precisamente, que reside, a maior dificuldade de uma educação de base existencial, que procura levar em conta as relações concretas do educador e do aluno.

BIBLIOGRAFIA

1. H. de Montherlant, *Les bestiaires,* Paris, 1926.
2. Jeanne Galzy, *L'initiatrice aux mains vides,* Paris, 1930.

CONCLUSÃO

Perspectivas de uma educação concreta

Se quiséssemos definir a tarefa da educação, poderíamos dizer que é a confrontação instável de dois seres face a face e de duas liberdades limitadas pela presença recíproca. O problema que a educação coloca é encontrar o meio de não suprimir a liberdade do aluno. Tudo depende das reações que suscitamos nele. Basta isto para mostrar a gravidade com a qual o educador deve encarar seu primeiro contato com o aluno. Cabe-lhe vigiar sua atitude e criar as condições mais favoráveis para influir melhor na situação em que vão se encontrar os dois interlocutores. Não esqueçamos que nossa atitude pode, pelas reações de oposição que desencadeia, impelir o aluno a fazer exatamente o contrário do que se lhe quer ensinar. Uma criança educada por uma pessoa tirânica numa atmosfera antimilitarista ou anticlerical poderá se voltar para a carreira das armas ou para a vida religiosa. Pode-se dizer o mesmo quanto ao ensino do bem, que pode ser prejudicado pelo comportamento do mestre.

Sem chegar a dizer que a forma do ensino é mais importante que seu conteúdo, pode-se afirmar que a transmissão de um ensinamento, qualquer que ele seja, supõe um comportamento favorável do professor, e o que é mais difícil ainda, um comportamento adequado a cada aluno em particular. Ele não pode estar presente nos alunos senão à medida que atribui uma importância particular à existência concreta de cada um deles. Um educador não é um livro. O mesmo problema lido pela criança no seu manual, ou ouvido quando é enunciado pelo seu professor, não tem para ela a mesma coloração. No primeiro caso, o aluno está diante de uma coisa; no segundo, diante de um ser vivo. A presença deste último, quando existe, adquire importância tal que tudo se transfigura em bem ou mal no coração da criança, de forma que se pode dizer que um professor, quando explica um problema ou faz uma análise gramatical pode também fazer uma obra educativa. Quando sua presença não tem nenhuma qualidade numa indiferença glacial e geral, a criança também naufraga na indiferença moral. Neste caso, diremos que o educador não "atrai" seus alunos, ou que "não estabelece contato" com eles. Pelo contrário, se o mestre manifesta reais qualidades na sua presença, a educação toma um vigor insuspeitável no coração da criança. O mestre presente não apenas na classe, mas também no coração do aluno, torna-se um guia seguro que o conduz para a beleza e para a pureza sem necessidade de palavras.

É esta presença de uns nos outros que os personagens de Gabriel Marcel procuram realizar numa experiência concreta. Fazem tudo para evitar que a presença, do ser amado se torne um hábito, se converta em objeto e se estanque em efigie. Se não o conseguem, caem no ressentimento e no ódio.

O educador arrisca-se a um fracasso semelhante se não fez, a cada dia, o esforço indispensável de auto-renovação, a fim de que sua presença não se torne para a criança um hábito, que faria dele uma coisa entre outras coisas. Da mesma forma, o aluno jamais deverá ser considerado um "objeto" catalogado definitivamente, cuja "essência" já estaria estabelecida desde o primeiro contato, anterior a toda experiência vivida até o seu término. A análise existencial das relações afetivas do "par educativo" nos oferece essa idéia fecunda de que o aluno se define por sua existência escolar, e não pode ser enquadrado numa classificação. Se somos obrigados a fazê-lo, será sempre de uma forma provisória, com a ressalva de freqüentes revisões. Não é no primeiro, mas no último dia de escola, no momento em que deixa as aulas, que o professor poderá pôr um "rótulo" em seu aluno. A posteridade da essência em relação à existência é particularmente válida para o aluno. No fundo, trata-se, praticamente, da posição de Bergson, para quem o futuro ilumina o passado. Em função desta idéia, os últimos atos da vida escolar de um aluno poderão oferecer um sentido retrospectivo a tudo que ele pode manifestar durante sua vida escolar e anularão os julgamentos em virtude dos quais se pretendeu enquadrá-lo neste ou naquele tipo. Todas as classificações, todas as "rotulações" às quais se proceda devem ser revistas cotidianamente, na presença recíproca e sempre mutável de duas existências, a do professor e a do aluno, na seqüência de uma soma de esforços sem cessar renovados, de prodígios de intuição e de compreensão para encontrar o caminho secreto do ser misterioso e único no mundo que se tem diante de si.

Seria um erro dizer que, se tivemos êxito com um aluno, os meios empregados com ele devem levar ao mesmo resultado com um novo aluno. O trabalho ficaria, assim, facilitado para o educador, que gosta de trabalhar com elementos estáveis e avançar por caminhos bem traçados, num mundo racional, abstrato e geral. É tão cômodo e tão seguro! Entretanto, a dificuldade da educação reside no fato de que as soluções que deram certo com um aluno precedente não precisam necessariamente dar o mesmo resultado com um novo aluno. Quando o professor tiver conduzido uma criança até o término de sua escolaridade, ser-lhe-á preciso retomar um novo aluno que, no eterno recomeço dos anos escolares, virá por sua vez, habitar o coração do educador, expulsando o anterior. E nesta perspectiva existencial da educação, com este intruso, surge um novo mistério, um diálogo se estabelece, um par hesitante se forma nas trevas, um novo problema se oferece, um novo drama vai se apresentar diante dessas duas existências, para tirar toda sua substância da dificuldade de se aceitar, sem tolher sua própria liberdade.

Cada vez, é preciso fazer tábula rasa da experiência precedente, antes de abordar toda nova experiência. Na classe, o professor tem tantos comportamentos e métodos educativos quantos alunos. Sabe que um determinado aluno pode receber um tapa sem dano psíquico, mas que, ao contrário, um outro ficaria marcado por toda a vida. Se um bom educador pode ter tantos tipos de caracteres quantos são os alunos, a educação individualizada parece-nos preferível à educação coletiva, que implica no comportamento geral de um mestre perante uma classe inteira.

As luzes que poderão nos guiar na hesitante marcha de uma adaptação múltipla, permanente e incessantemente questionada serão as da auto-renúncia total, da autocrítica afetiva constante e sem complacência. Não creiamos que esta marcha incerta e tateante dê à criança uma idéia ruim de nós mesmos. Pelo contrário, ela ficará agradecida por tatearmos e estarmos, como ela, à procura dos outros. Ela gosta que a gente se engane e que se lho diga, ela gosta que lhe deixem sua liberdade e que não a enquadrem, antecipadamente, neste ou naquele tipo de aluno. Assim se sentirá bem próxima de nós. Para isto, é preciso renunciar à nossa vaidade, à nossa atitude de *magister* que sabe de tudo, inclusive do que se passa nos refolhos secretos do coração da criança. Nossa posição frente ao aluno não é alcançada sem a impressão de solidão, sem as incertezas dos dias vindouros, dolorosos ou alegres que o esperam, sem as dúvidas, sem todo este estremecimento interior que nos percorre quando nos perguntamos se seremos capazes de fazer deste "pequeno homem" um homem verdadeiro.

A nobreza e a virilidade de nossa tarefa nascem desta responsabilidade penosa que temos, numa obra que se define e se aprecia na proporção em que se desenvolve. Nisto está a dificuldade: à medida que não se encontra nunca duas crianças rigorosamente idênticas, uma obra de educação não pode ser calcada sobre nenhuma outra. Ela é uma criação contínua e sempre original. Quantos pais e mães fracassam porque aplicam uma educação única, quando deveriam empreender tantos tipos de educação quantos fossem os seus filhos!

É preciso conhecer cada criança na sua vida psicológica concreta, cujas nuances originais requerem uma posição particularmente adaptada ao que elas têm de singular e de único.

Que o educador não acredite que, neste esforço incessante de adaptação, nesta tarefa tão bela quanto difícil, nesta arte que é a educação e que faz de seu ofício o mais belo e o mais estimulante de todos, será ajudado por sua instrução, por métodos técnicos e por uma preparação profissional profunda. Ele se definirá, não por sua cultura, mas pela personalidade que lhe confere sua existência no interior do "par". Não terá valor, lembramo-lo, senão pela qualidade de sua presença, pelo grau de sua "abertura para o aluno", pela sua capacidade de aceitá-lo em lugar de recusá-lo, de utilizá-lo ou de reduzi-lo à sua própria pessoa.

A nosso ver, o método mais conveniente para atingir esse objetivo é o que, por tentativas, se define à medida que se aplica. Toda posição frente a um aluno cria uma situação única que mergulha o "par" na angustiante incerteza de um contato mais ou menos harmonioso e numa aventura, totalmente isolada, sem a ajuda de nenhuma pedagogia *a priori*. Se queremos empregar a expressão "pedagogia existencial" é para chamar a atenção sobre esta forma de educação em que se tem a impressão de um educador lançado no mundo pedagógico, de um educador "em situação", sozinho perante certo aluno. Pode-se pensar que esta concepção não corresponda à realidade e que numerosos educadores tenham tido pleno êxito sem se perder em considerações deste gênero. Assim, um "bom professor" dirá, levantando os ombros: "Para que me atormentar? Tenho a impressão de vencer. Meu aluno é um bom rapaz, muito gentil e aplicado, que me ama e me compreende." Mas, quem sabe? Há tantas naturezas rebeldes que se escondem atrás da máscara conformista da criança aplicada e gentil. A distância entre o educador e o aluno é, às vezes, muito grande, ainda que, aparentemente, se tenha alcançado uma aproximação muito estreita. O educador que se embala com tais ilusões é, às vezes, surpreendido por uma catástrofe que o desengana e o faz dizer diante dos erros inesperados dos alunos: "Mas, eu não o eduquei assim". Ele permaneceu como um "estranho" na sua classe. Há esposos que morrem após longos anos de vida comum, permanecendo estranhos um para o outro; há, também, educadores que chegam à aposentadoria após terem percorrido longos caminhos pedagógicos onde nunca encontraram as crianças. Como observa Hubert,(1) seria interessante "investigar as razões da escolha da profissão pedagógica entre os que a exercem". Muitos permaneceram no ensino porque viveram muito tempo no meio escolar, adaptaram-se a ele e não podem deixá-lo, sem, no entanto, se sentirem particularmente atraídos pelas crianças. Outros, saídos de meios pobres, não tiveram outro recurso para se elevarem socialmente. Finalmente, e este é o caso mais grave, a vocação pode não ser mais que uma forma de recalque, no sentido de que um aluno brilhante que não encontra na sociedade a autoridade que seus méritos parecem merecer, irá buscá-la no alto da cátedra magistral. Nestas condições, podemos ficar espantados de que muitos mestres ignorem as crianças e não tenham podido guardar delas senão imagens convencionais ou retratos deformados? Tudo se passou, nesse caso, como se o educador e o aluno tivessem se empenhado em representar cada um o seu papel, em avançar um para o outro completamente disfarçados.

Ao contrário, desejamos uma educação mais franca, onde o educador, um homem entre outros, um homem como tantos outros, nem melhor nem pior, apresente-se para seu aluno de rosto descoberto. Dessa maneira, a educação poderia deixar de ser esta farsa onde cada um tem do outro uma imagem mais ou menos falsa e seria facilitada à medida que o educador soubesse enriquecer sua personalidade. Em última análise, repropomos a cultura interior da personalidade, o cultivo do eu pelo eu. O educador pode alcançar este resultado por meio de uma higiene intelectual e de uma disciplina afetiva tais, que se pode chegar a dizer que cuidar do educador é muitas vezes, a melhor solução do problema da criança difícil. Isso é tanto mais necessário quanto já vimos que a evolução das relações afetivas não é inevitável a partir de seu conflito inicial, mas, que, pela variedade das direções que oferece, deixa, apesar de tudo, uma liberdade bem grande ao educador que, à medida que permanece como condutor do jogo, tem sempre um papel determinante na evolução do "par" educativo. A ele, mais do que à criança, se dirige a nossa proposta, com a qual se invertem os dados de um problema que, muito freqüentemente, se propõe retificar exclusivamente, a conduta da criança. A educação de um aluno tem uma dupla face e supõe paralelamente à sua, a educação do mestre.

Alguém nos dirá que concedemos muito espaço, no educador, à parte subjetiva da educação. É que, precisamente, tentamos restituir, para além da habilidade e das técnicas pedagógicas de base científica, toda a dignidade ao sentimento e à paixão que devem animar todo professor, quando toma consciência de que é um educador diferente dos outros, frente a uma criança que não se parece com nenhuma outra. Somente com esta condição o educador deixará de se imobilizar no mundo falso da correção dos deveres, da rotina, da manutenção da disciplina, e olhar o rosto de seus alunos. Estes, então, não procurarão mais ridicularizar este personagem que lhes parecia tão distante. Mestres e alunos, libertados desta espécie de jogo ou de farsa escolar poderão, enfim, quem sabe, se olhar de frente.

BIBLIOGRAFIA

1. R. Hubert, *Traité de pédagogie générale*, pp. 623-4.

NOVAS BUSCAS EM EDUCAÇÃO
VOLUMES PUBLICADOS

1. *Linguagem Total* — Francisco Gutiérrez.
2. *O Jogo Dramático Infantil* — Peter Slade.
3. *Problemas da Literatura Infantil* — Cecília Meireles.
4. *Diário de um Educastrador* — Jules Celma.
5. *Comunicação Não-Verbal* — Flora Davis.
6. *Mentiras que Parecem Verdades* — Umberto Eco e Marisa Bonazzi.
7. *O Imaginário no Poder* — Jacqueline Held.
8. *Piaget para Principiantes* — Lauro de Oliveira Lima.
9. *Quando Eu Voltar a Ser Criança* — Janusz Korczak.
10. *O Sadismo de Nossa Infância* — Org. Fanny Abramovich.
11. *Gramática da Fantasia* — Gianni Rodari.
12. *Educação Artística* — luxo ou necessidade — Louis Porches.
13. *O Estranho Mundo que se Mostra às Crianças* — Fanny Abramovich.
14. *Os Teledependentes* — M. Alfonso Erausquin, Luiz Matilla e Miguel Vásquez.
15. *Dança, Experiência de Vida* — Maria Fux.
16. *O Mito da Infância Feliz* — Org. Fanny Abramovich.
17. *Reflexões: A Criança — O Brinquedo — A Educação* — Walter Benjamim.
18. *A Construção do Homem Segundo Piaget* — Uma teoria da Educação — Lauro de Oliveira Lima.
19. *A Música e a Criança* — Walter Howard.
20. *Gestaltpedagogia* — Olaf-Axel Burow e Karlheinz Scherpp.
21. *A Deseducação Sexual* — Marcello Bernardi.
22. *Quem Educa Quem?* — Fanny Abramovich.
23. *A Afetividade do Educador* — Max Marchand.
24. *Ritos de Passagem de nossa Infância e Adolescência* — Org. Fanny Abramovich.

25. *A Redenção do Robô* — Herbert R'ad.
26. *O Professor que não Ensina* — Guido de Almeida.
27. *Educação de Adultos em Cuba* — Raúl Ferrer Pérez.
28. *O Direito da Criança ao Respeito* — Dalmo de Abreu Dallari e Janusz Korczak.
29. *O Jogo e a Criança* — Jean Chateau.
30. *Expressão Corporal na Pré-Escola* — Patricia Stokoe e Ruth Harf.
31. *Estudos de Psicopedagogia Musical* — Violeta Hemsy de Gainza.
32. *O Desenvolvimento do Raciocínio na Era da Eletrônica* — Os Efeitos da TV, Computadores e "Videogames" — Patrícia Marks Greenfield.
33. *A Educação pela Dança* — Paulina Ossona.
34. *Educação como Práxis Política* — Francisco Gutiérrez.
35. *A Violência na Escola* — Claire Colombier e outros.
36. *Linguagem do Silêncio* — Expressão Corporal — Claude Pujade-Renand.
37. *O Professor não Duvida! Duvida!* — Fanny Abramovich.
38. *Confinamento Cultural, Infância e Leitura* — Edmir Perrotti.
39. *A Filosofia Vai à Escola* — Matthew Lipman.
40 *De Corpo e Alma* — o discurso da motricidade — João Batista Freire.
41. *A Causa dos Alunos* — Marguerite Gentzbittel.
42. *Confrontos na Sala de Aula* — uma leitura institucional da relação professor-aluno — Julio Groppa Aquino.

IMPRESSO NA
sumago gráfica editorial ltda
rua itauna, 789   vila maria
02111-031   são paulo   sp
tel e fax 11 **2955 5636**
sumago@sumago.com.br